Edith Schweizer-Völker
FASNACHT OHNE GRENZEN
Maskeraden im Dreiland

Impressum:
Originalausgabe 2015
Copyright © 2015 by Edith Schweizer-Völker
Copyright © 2015 by IL-Verlag (ILV), Basel
Illustrationen: Copyright © Fredy Prack
Satz und Umschlag: lerch buchdesign
ISBN: 978-3-906240-33-6

Edith Schweizer-Völker

Fasnacht ohne Grenzen
Maskeraden im Dreiland

Reiseführer zu Fasnachtsbräuchen in der
Region Nordwestschweiz – Südbaden – Elsass

Illustrationen Fredy Prack

Vorwort

Alle, die Bräuche lieben und in der Region zwischen Schweizer Jura, Schwarzwald und Vogesen leben, können sich als glückliche Menschen bezeichnen. Denn es gibt nicht so rasch ein zweites Gebiet, wo es derart viele spannende Brauchäusserungen gibt wie in den Dörfern und Städten am Hoch- und Oberrhein. Der Fluss, dessen Verlauf ja weitestgehend auch zugleich die Grenze zwischen den sich in diesem Raum begegnenden Staaten bildet, hat im Brauchleben unserer Region nie eine dauerhaft trennende Funktion. Dies zeigt sich auch ganz deutlich im fasnächtlichen Treiben und in den Maskeraden.

Doch damit ist nicht gemeint, dass jede Fasnacht diesseits und jenseits des Rheins oder gar in den Städten am östlichen Rand des Schwarzwaldes gleich oder auch nur ähnlich ist. Ganz im Gegenteil! Jede Fasnacht hat ihre Besonderheiten, ist eigenständig in ihrem Verlauf, bei den Masken, bei den zu beobachtenden Brauchelementen. Dominiert am einen Ort der Wortwitz an närrischen Abenden, so steht am anderen Ort das Maskendefilee im Vordergrund. Am dritten Ort wiederum findet man einen altertümlich wirkenden Heischebrauch, der vielleicht sogar erst an Mittfasten stattfindet, während am vierten Ort das Feuer einen wichtigen Stellenwert im Fasnachtsgeschehen einnimmt. Und selbst hier zeigt sich die Vielfalt: So muss ein Fasnachtsfeuer nicht unbedingt den Schlusspunkt bei einer Dorffasnacht setzen sondern kann auch einmal den Auftakt bilden. Einst weiter verbreitet waren die Feuerräder, während das Scheibenwerfen ein Feuerbrauch ist, der noch immer an vielen Orten im Elsass, in Baden und in der Nordwestschweiz ausgeübt wird – wie wohl seit vielen hundert Jahren.

Dasselbe lässt sich jedoch von vielen heute zu beobachtenden Maskeraden nicht behaupten. Zwar verleugnen etwa die Glattlarven von Rottweil und Villingen keineswegs ihre barocken Züge und ebenso eine alte, in der Doppelstadt Laufenburg erhaltene Holzmaske, wobei die dortige Narro-Altfischerzunft sich sogar gerne darauf beruft, bereits seit 1396 zu existieren! Da können viele andere Fasnachtshochburgen der Region nicht mithalten, was aber der Lebendigkeit und Originalität des närrischen Treibens nirgends einen Abbruch tut. Das kann jeder bestätigen, der schon einmal in Lörrach oder in Mulhouse oder in Sissach die Fasnacht erlebt und genossen hat.

Eine Einladung, dies an den eben genannten Orten und in etwa zwei Dutzend weiteren Dörfern und Städten zwischen Jura, Schwarzwald und Vogesen auch zu tun, gibt nun dieser Reiseführer auf ansprechende Art. Die Autorin Edith Schweizer-Völker ist seit Jahrzehnten in der fünften Jahreszeit unterwegs als aufmerksame Beobachterin von Fasnachtsbräuchen unserer Region. Sie hatte als Baslerin und lange aktive Fasnächtlerin schon vor langer Zeit das Bedürfnis entwickelt, auch das Maskenwesen ausserhalb der Stadt kennen zu lernen und zu verstehen. Die Früchte dieser letztlich unzähligen Begegnungen mit dem fasnächtlichen Brauchgeschehen der Regio bringt uns die Autorin nun in diesem Buch näher. Es weckt – und das ist gut so (und nicht etwa eine Warnung!) – rasch die Lust, den einen oder anderen Brauch 1:1 zu erleben. Dann entdeckt man auch bald, dass die wunderschönen Illustrationen von Fredy Prack die hier vorgestellten Bräuche gekonnt eingefangen haben. Die Impressionen des Künstlers tragen auf ihre Art dazu bei, dass dieser informative Reiseführer zu Fasnachtsbräuchen unserer Regio sicher gerne in die Hand genommen und auch gebraucht wird. Dazu dienen auch die nützlichen Angaben wie Termine und weiterführende Webseiten.

Möge dieses Buch dazu beitragen, dass sich die Menschen unserer wunderbaren, oberrheinischen Region durch den Besuch anderer Fasnachtsbräuche und Maskeraden noch näher kommen und sich noch besser verstehen lernen. Und wir wagen deshalb gerne auch die Behauptung: Nur mit einem Blick über den Tellerrand, über die Grenzen, erkennen wir, dass auch die „Fasnacht ohne Grenzen" zur hohen Lebensqualität unserer Region beiträgt. Schliesslich: Die gelegentlich gebrauchte Bezeichnung „Paradies am Oberrhein" hat für jeden Fasnachtsfreund sicher eine ganz besondere Bedeutung angesichts des vielfältigen Fasnachtsgeschehens, wie es dieses Buch nun vor Augen führt.

Dominik Wunderlin

Vizedirektor am Museum der Kulturen Basel / Kurator Abteilung Europa

Mitglied des Kuratoriums der Kulturstiftung der schwäbisch-alemannischen Fastnacht

Woher kommt das Fasnachtsfieber?

Was ist das für ein Fieber, das uns alljährlich in der dunklen Jahreszeit packt, immer dann, wenn die Tage zwar spürbar länger werden, aber Wärme und Licht noch immer auf sich warten lassen? Zwar erfasst das Fieber interessanterweise bloss einen Teil der Menschen – da gibt es Spaltungen durch ganze Familien. Doch wie kommt es, dass sonst durchaus nüchterne Leute auf einmal die Lust überkommt, in ein Kostüm (oder Häs) zu steigen und das Gesicht unter einer Larve (oder Maske) zu verbergen? Ist es diese neue Sicht auf die Welt durch zwei kleine Augenlöcher, durch die man plötzlich Details entdeckt, an denen man das Jahr über achtlos vorbeigeht? Oder die Faszination, seine eigenen Cliquenkollegen als fremde Wesen wahrzunehmen und nicht mehr zu erkennen? Oder dieses auf sich selbst Zurückgefallensein unter der Maskierung?

In Basel erscheint vor allem spät nachts in den Gassen das Trommeln und Pfeifen der Cliquen in gemessenem Schritt wie eine kollektive Meditation. Das ist besonders offensichtlich am Morgenstreich unter dem bunten Schimmer der Laternen und Laternchen. Die lautstarken Guggenmusiken bleiben dann auch, um diese besondere Stimmung nicht zu stören, bis am Nachmittag zu Hause. Ganz ähnlich habe ich diese eindrücklichen Momente auch vielfach an der alemannisch-schwäbischen Fastnacht erlebt, beim Narrensprung in Rottweil beispielsweise, bei der nächtlichen Tschättermusik in den beiden Laufenburg oder beim Sprung aus dem Narrengrab in Zell am Harmersbach.

Aber auch der schmerzvolle Abschied von der Narrenfreiheit am Ende von Fasnacht, Fasnet oder Fasent – wie immer das genannt wird – mit Feuer- und Trauerritualen verbindet uns alle im alemannischen Raum. Da gibt es nur einen Trost: man zählt wieder die Tage bis zum nächsten Jahr. ‚S goht wieder dagege!' ruft man sich denn auch aufmunternd an unzähligen Orten zu.

Edith Schweizer-Völker

Inhalt

Vorwort von Dominik Wunderlin — 4
Woher kommt das Fasnachtsfieber? — 7
Übersichtskarte — 11

Fasnacht grenzüberschreitend beidseits des Rheins

LAUFENBURG-CH und LAUFENBURG-D: Narro-Laufen und Hexennacht — 14
RHEINFELDEN-CH und RHEINFELDEN-D: Frau Fasnacht grüsst vom Obertorturm — 18

Nordwestschweiz

BASEL: Drei Tage Fasnacht total — 22
PRATTELN: Dr Butz fahrt us! — 32
LIESTAL: Wenn es funkt und raucht im ‚Stedtli' — 36
SISSACH: Wo s Hutzgüri umgeht und s Chluri brennt — 40
MÖHLIN: Bürkligeist und Star-Tambouren — 44
BIEL-BENKEN: Reedlischigge, Faggeleschwinge und Straumaaverbrenne — 46

Südbaden

FREIBURG IM BREISGAU: Fasnetrufer und Bächleputzer — 50
BAD SÄCKINGEN: Fasnachtsgestalten vom Hotzenwald — 54
WALDSHUT: Narros, Hansele und Geltentrommler — 58
LÖRRACH: Friss'n wäg, dr Schnägg! — 60
WEIL AM RHEIN: Buurefasnacht und Schiibefüür — 62
ZELL IM WIESENTAL: Mords-Gaudi am Altwiiberrenne — 64
WALDKIRCH: Hexensabbat in der Drehorgelstadt — 68
ELZACH: Wilde Männer, Bärengfrisse, Teufel und Tod — 74
ZELL AM HARMERSBACH: Tanz aus dem Narrengrab — 80
NEUENBURG AM RHEIN: Im Zentrum steht das Narrenschiff — 84
ROTTWEIL: Ein barockes Schauspiel: der Narrensprung — 88
VILLINGEN: Maschgerelauf mit Narro, Butzesel und Wuescht — 94
SCHRAMBERG: Brezelsegen und Bach-na-Fahrt — 100
BUCHENBACH: Funkenfeuer und Feuerrad — 102
KARSAU: Der Miesme: Frühjahrsbote in Stroh — 104

Elsass

RIESPACH: Bunte Narre Obe: Vorfasnacht vom Feinsten	108
MULHOUSE: Herre- und Dame-Owe und Cavalcade	110
KEMBS: Grand Carnaval mit Fasnachtsschule	112
VILLAGE-NEUF: Cavalcade, Fasnachtsfeuer und Fackelzug	114
NEUWILLER: Reedli schwinge hoch über dem Dorf	116
ATTENSCHWILLER: ‚Masqués', ‚Bossus' und ‚Butzimummel'	118
BUSCHWILLER: Der unheimliche Iltis im Strohgewand	122
Überholte Bräuche?	124
Literatur (Auswahl)	126
Fasnacht im Museum	128
Narrenvereinigungen im Schwarzwald	130
Veranstaltungskalender	131
Die Autorin dankt für Hinweise	137
Unterstützung und Patronat	138
Illustrator	139
Autorin	139

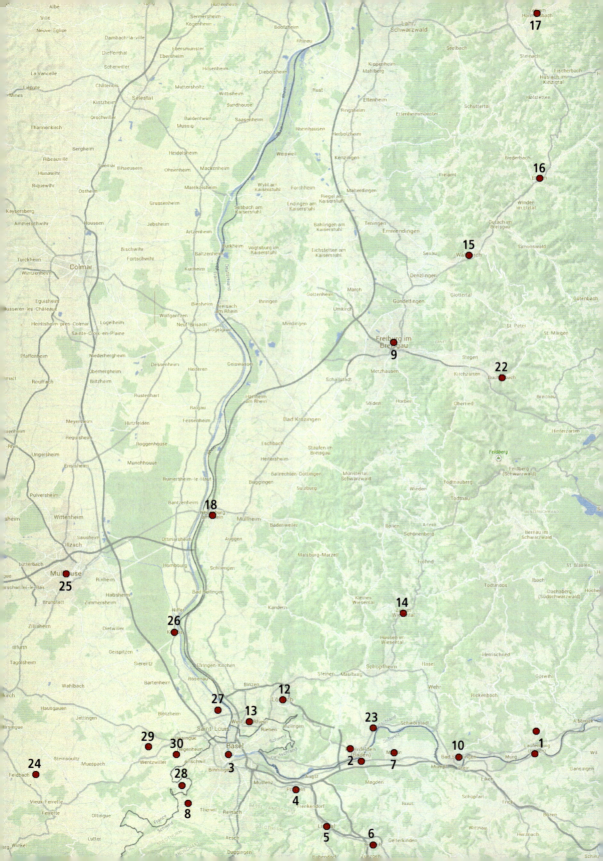

Übersichtskarte

Fasnacht grenzüberschreitend beidseits des Rheins
1 LAUFENBURG-CH + D
2 RHEINFELDEN-CH + D

Nordwestschweiz
3 BASEL
4 PRATTELN
5 LIESTAL
6 SISSACH
7 MÖHLIN
8 BIEL-BENKEN

Südbaden
9 FREIBURG i.Br.
10 BAD SÄCKINGEN
11 WALDSHUT
12 LÖRRACH
13 WEIL AM RHEIN
14 ZELL IM WIESENTAL
15 WALDKIRCH
16 ELZACH
17 ZELL AM HARMERSBACH
18 NEUENBURG AM RHEIN
19 ROTTWEIL
20 VILLINGEN
21 SCHRAMBERG
22 BUCHENBACH
23 KARSAU

Elsass
24 RIESPACH
25 MULHOUSE
26 KEMBS
27 VILLAGE-NEUF
28 NEUWILLER
29 ATTENSCHWILLER
30 BUSCHWILLER

Kartendaten © 2015 GeoBasis-DE/BKG (©2009), Google

Fasnacht grenzüberschreitend beidseits des Rheins

LAUFENBURG-CH und LAUFENBURG-D

Narro-Laufen und Hexennacht

Im Fricktal und am Hochrhein beginnt die Fasnacht bereits drei Wochen vor Aschermittwoch. So wird die Laufenburger Bevölkerung auf beiden Seiten des Rheins bereits am **Ersten Faissen** (Donnerstag) schon frühmorgens von der **Tschättermusig** aus dem Schlaf gerüttelt. Die eigentliche Fasnachtseröffnung findet jedoch zwei Wochen später, am Nachmittag des **Schmutzigen Donnerstags** statt. Spektakulär, ja beinahe unheimlich wird es dann um halb acht Uhr, wenn die grosse, gemeinsame **Tschättermusig** durch beide Städte dröhnt. Zusammen mit einer Schar bunt maskierter Gestalten, versehen mit verschiedensten Lärminstrumenten, ziehen die Narronen der Alt-Fischerzunft im Blätzlikleid mit ihren eindrücklichen Holzlarven trommelnd durch die Nacht. Nach der Melodie ‚d Müllere hät, si hät' schreitet der gespenstische Zug mit schwerem Schritt und dumpfem Klang in monotonem Rhythmus durch die engen Gassen. Am darauf folgenden Freitagabend wird dann ein grosses Open-Air-Guggenfestival abgehalten.

Die Laufenburger sind seit jeher begeisterte Fasnächtler, wurde ihnen doch schon im Jahr 1611 vom Rat ein Verbot auferlegt, das ‚alles haffenklopffen und ungebeurliche mummereyen gēnzlich abgeschafft' haben wollte. Die älteste Holzlarve aus dem ganzen südwestdeutschen Raum ist vermutlich ein Laufenburger Narrone mit barocken Gesichtszügen aus dem späten 17. Jahrhundert. Die Narro-Altfischerzunft, in der noch heute ausschliesslich Männer zugelassen sind, beruft sich gerne auf das Jahr 1386, als der gänzlich verschuldete Habsburger Graf Hans IV. die Stadt Laufenburg an seinen Vetter Herzog Leopold III. verkaufte. Der Kinderspruch, am Narrolaufen tausendfach gerufen: ‚**Es hocke drei Narre uf s Hanselis Charre, wie lache die Narre, Narri! Narro!**' soll darauf zurückgehen. Die Laufenburger hatten damals ihrem neuen Herrscher eine Delegation mit Vertretern der Fischerzunft nach Brugg gesandt und überbrachten ihm einige mächtige Salmen als Huldigung. Zum Dank soll er ihnen ‚ein sonderbarlich Kleid aus lauter kleinen, farbigen Lappen zusammengesetzt' zugestellt haben, das sie fortan an Umzügen und in der Fasnachtszeit tragen durften.

Die Laufenburger Fischer hatten damals ein hartes Leben. Zwar gab es reichen Ertrag aus dem Rhein – bis zu 2'800 Salmen jährlich neben Forellen, Hechten, Karpfen und Nasen – aber der Beruf war gefährlich. Die Stromschnellen, ‚Laufen' genannt, waren ein grosses Hindernis für die Schifffahrt, deshalb mussten alle Schiffe oberhalb der Stadt entleert und zum unteren Ladeplatz gekarrt werden. Flosse wurden auseinandergebunden, die Einzelteile durch die Laufen gelassen und unten wieder zusammengesetzt. Diese gefährliche Arbeit forderte immer wieder ihre Opfer, und da es damals Aufgabe der Zünfte war, für Witwen und Waisen zu sorgen, ist möglicherweise die grosse Bescherung am Fasnachtsdienstag ein Überbleibsel aus jener Zeit. Das **Narrolaufen** ist jedenfalls bis heute der Höhepunkt der Laufenburger Fasnacht geblieben. Mit Banner und Tambouren ziehen die **Narronen** am frühen Nachmittag vom

Wasentor her durch das mittelalterliche Städtchen – gegenüber im badischen Laufenburg marschieren zur gleichen Zeit die Zunftgenossen aus der ‚minderen' Stadt los. Auf dem Rücken tragen sie alle das Stadtwappen, den Habsburger Löwen, um den Hals eine weisse Leinenkrause, und um die Hüften haben sie ein Fischernetz geschlungen. Ihre ausdrucksstarken Holzlarven – meist aus altem Familienbesitz stammend – sind teils freundlich lächelnde, hämisch grinsende, aber auch kummervoll verzogene oder gar weinende Gesichter. Beide Teile der gemeinsamen Narrenzunft treffen sich auf dem Laufenplatz, gehen zusammen über die Rheinbrücke und durch Klein-Laufenburg bis zum Waldtor. Die Landesgrenze auf der Brücke wird dabei ignoriert – Narrenfreiheit kennt keine Zollschranken – und die Beamten spielen für einmal mit. Bei der Rückkehr zum Wasentor ist die Zuschauermenge kaum mehr zu halten. Mit quergestellten Stangen versuchen die **Narronen** unter Mithilfe grösserer Buben die drängende Masse zurückzuhalten. Im Chor rufen die Kinder jetzt altüberlieferte Verse und heischen um Gaben. Schritt um Schritt weichen die **Narronen** (unter deren Gewand ausschliesslich gutbeleumdete Männer stecken) rückwärts in die Stadt hinein und werfen ihre Happen, Orangen, Würste und Brötchen, in den tobenden Haufen. Dasselbe gilt auch auf der anderen Rheinseite im badischen Laufenburg, seit man wegen allzu grossen Andrangs das **Narrolaufen** nach dem Zweiten Weltkrieg aufgeteilt hat.

Ein neuerer, spektakulärer Anlass ist das ebenfalls grenzüberschreitende **Häxefüür** am Samstagabend, wenn nach den Böllerschüssen um 19 Uhr Trommelschläge der Tambouren ertönen und eine wilde Schar von Geistern, Dämonen, Hexen und Teufel in einem riesigen Umzug über die Rheinbrücke zieht. Abwechselnd wird das **Häxefüür**, das dem Zug den Namen gibt, im deutschen oder schweizerischen Laufenburg entzündet. Bis zum frühen Morgen wird schliesslich bei fröhlichem Narrentreiben in Buden, Zelten und Beizen gefeiert.

Grosse Tschättermusik der Narro-Altfischerzunft am Schmutzigen Donnerstag 19.30 Uhr durch beide Städte.

Open-Air-Guggenfestival am Freitag vor Aschermittwoch ab 18 Uhr.

Hexennacht mit grenzüberschreitendem Umzug am Samstag vor Aschermittwoch um 19 Uhr.

Traditionelles Narro-Laufen in beiden Städten mit Kinderbescherung am Dienstag vor Aschermittwoch um 14.30 Uhr. Um 19.30 Uhr **Abschlusstschättermusik** und um 21 Uhr auf deutscher Seite **Fasnachtsverbrennung**.

Böögverbrennung am Wasentor in **Laufenburg-CH** am Aschermittwoch um 19.30 Uhr.

www.laufenburg.ch
www.laufenburg.de
www.narro-altfischerzunft.de

RHEINFELDEN-CH und RHEINFELDEN-D

Frau Fasnacht grüsst vom Obertorturm

Am Schmutzigen Donnerstag wird die Bevölkerung in Rheinfelden-Baden bereits um 6 Uhr früh von den Cliquen geweckt. Diese stürmen dann um 10 Uhr die Schulen und führen zur Freude der Schülerschaft die ‚verhafteten' Lehrer zum Rathausplatz, wo sie von den **Dinkelberger Schrate** zur Narrensuppe eingeladen werden. Feierlich eröffnet wird die Fasnacht hier dann am Abend. Um 19 Uhr macht sich ein Umzug mit dem Narrenbaum von der Schillerschule her mit fröhlichen Kindern als **Hemliglunggi** auf zum Oberrheinplatz, wo der Baum aufgestellt und der Rathausschlüssel vom Oberbürgermeister an die Narren übergeben wird. Anschliessend geht es über die Rheinbrücke auf die Schweizer Seite. Unter Trommelwirbeln, begleitet von Guggenmusiken, wird nun die imponierende, vier Meter hohe Frau Fasnacht im feuerroten Gewand von der Marktgasse her die Geissgasse hinaufgeführt. Am Obertorplatz herrscht bereits Trubel und Heiterkeit unter dem bunten Fasnachtsvolk, wenn ihre Hoheit hier eintrifft. In einem waghalsigen Akt zieht man Frau Fasnacht hoch hinauf auf den Obertorturm, von wo aus sie nun über die nächsten vier Tage herrschen wird, denn auch hier hat die Regierung nun ihr Zepter an die Fasnachtsgesellschaft übergeben. Die Stadt offeriert einen Apéro an alle, und anschliessend folgen Maskenbälle auf beiden Seiten des Rheins und Beizenfasnacht bis in den Morgen hinein. Am Freitag gibt es auf Schweizer Seite Schnitzelbänke in den Lokalen und am Samstag einen Kinderumzug mit Kinderball im Bahnhofsaal. Gleichentags ist im deutschen Rheinfelden Betrieb auf der ‚närrischen Meile' und in Rheinfelden-Schweiz gibt es ab 18.30 Uhr ein Guggenkonzert und um 23.11 Uhr einen Fackelzug aller Guggen durch die verdunkelten Gassen der Stadt. Den grossen Höhepunkt der Rheinfelder Fasnacht beidseits des Rheins bildet jedoch der grosse, grenzüberschreitende Fasnachtsumzug am Sonntag – eine grandiose Narrenparade – an der auch unzählige Gastgruppen teilnehmen. Er beginnt um 14.11 Uhr auf der Schweizer Seite am Schützenweg und führt durchs Obere Tor zur Marktgasse und zum Zoll. Von dort geht es über die Rheinbrücke nach Badisch-Rheinfelden, wo der grosse Zug schliesslich bei der Hebelstrasse am Narrendorf endet.

Auf Schweizer Seite beginnt dann bereits um 18.11 Uhr die **Usbrüelete**. Frau Fasnacht, vom Tor heruntergelassen und in Trauertücher gehüllt, wird in feierlicher Prozession unter grossem Geheul und Wehklagen zur Schiffsanlegestelle an der Fröschweid gebracht, wo sie brennend dem Rhein übergeben wird.

In Badisch-Rheinfelden ist jedoch noch nicht Schluss. Es gibt am Fasnachtsdienstag einen grossen Kinderumzug mit anschliessendem Kinderball im Bürgersaal. Um 20 Uhr wird dann die Fasnacht verabschiedet. Die weinenden Narren ziehen klagend, begleitet von melancholischer Marschmusik, vom Rathaus zum Oberrheinplatz. Nach einer Trauerrede wird die Fasnacht schliesslich in Form einer ausgestopften **Latschari**-Puppe verbrannt. Der **Latschari** ist die Symbolfigur der Badisch-Rheinfelder Fasnacht und erinnert mit seinem zweiseitigen Gesicht mit einem lachenden

S. 16/17 Narronen auf der Rheinbrücke

und einem weinenden Auge und seinem Schräggang an die zahlreichen Arbeitslosen der 30er-Jahre des 20. Jahrhunderts. Rheinfelden-Baden ist ja erst 1901 nach dem Bau des ersten Flusskraftwerks Europas, dem inzwischen neu erstellten Kraftwerk Rheinfelden, entstanden. Es haben sich dort Industriebetriebe angesiedelt und dementsprechend wurden Arbeiterwohnungen errichtet. Bereits am 11.11. wird der **Latschari** um 20.11 Uhr von den **Hemliglunggi** im Rathaus ‚zum Leben erweckt'.

Ein erster Karnevalsumzug mit Prinz und Adjutanten von 1928 ist dokumentiert, und 1937 wurde die Narrenzunft Rheinfelden als Nachfolgerin dieser Karnevalsgesellschaft gegründet.

Seit 1989 hat die Narrenzunft ihr Domizil im Wasserturm, in dem ein entzückendes, kleines Fasnachtsmuseum eingerichtet ist. Der erste grenzüberschreitende Umzug durch beide Rheinfelden fand 1980 anlässlich der 850-Jahrfeier von Rheinfelden-Schweiz statt, und seit 1976 gibt es regelmässige Hochrhein-Narrentreffen der fünf Waldstädte mit Waldshut, Tiengen, Laufenburg-CH + D und Bad Säckingen.

Proklamation der Fasnacht
in Rheinfelden-D, am Schmutzigen Donnerstag 19 Uhr am Oberrheinplatz. Anschliessend Umzug nach Rheinfelden-CH. Dort wird mit ‚Frau Fasnacht' am Obertorplatz um 20.11 Uhr die Fasnacht eröffnet.

Grenzüberschreitender Fasnachts-Umzug
am Sonntag vor Aschermittwoch um 14.11 Uhr. Gleichentags **Usbrüelete** in Rheinfelden-CH ab 18.11 Uhr am Obertorplatz und **Verbrennung der Frau Fasnacht**.

Fasnachtsverbrennung
in Rheinfelden-D am Dienstag vor Aschermittwoch um 20 Uhr am Oberrheinplatz.

www.rheinfelderfasnacht.ch
www.narrenzunft-rheinfelden.de

Nordwestschweiz

BASEL

Drei Tage Fasnacht total

Wenn Cliquen und Gruppen in gemessenem Schritt trommelnd und pfeifend wie traumverloren durch die Gassen ziehen, weht vor allem nachts bis in den frühen Morgen hinein ein Hauch von Melancholie durch die kalte Luft. Gelegentlich zwar unterbrochen vom fröhlichen Lärmen einer **Guggenmusik** – doch nichts kann die Cliquen abhalten vom Zelebrieren ihres Rituals. Eine Art kollektive Meditation scheint überhandzunehmen, bei der der Blick nach innen gerichtet ist. Das unterscheidet Basel wohl am bedeutendsten von anderen Fasnachtsstädten.

Den künstlerisch eigensinnigen Charakter hat die Basler Fasnacht allerdings erst um die Wende vom 19. zum 20. Jahrhundert entwickelt. Bis dahin gab es auch da den hier längst verpönten Prinz Carneval; es gab Trachten und Uniformen, Blasmusiken und Handharmonikagruppen. Die Larven waren damals meist importierte Billigware und die Kostüme – vor allem für die beliebten, grossen Maskenbälle – konnte man mieten. In der Oberschicht der Stadt, dem sog. **Daig**, liess man sich die Verkleidungen aber gerne auch von der einheimischen Haute Couture anfertigen.

Erst nach dem Ersten Weltkrieg begann man sich, wie an anderen Orten auch, auf die lokale Kultur zu besinnen. 1919 wurde das Fasnachts-Comité gegründet, das seither für die Organisation der Strassenfasnacht zuständig ist,

und 1925 schrieb der Basler Kunstkredit einen Wettbewerb aus für Larvenentwürfe, der den Impuls gab zu einer Entwicklung der Basler Fasnacht, wie sie in Europa einmalig ist. Massgeblich daran beteiligt war in der Folge die Künstlergruppe 33 – benannt nach ihrem Gründungsjahr – deren Maskenball in der Kunsthalle jeweils den Höhepunkt am Fasnachtsdienstag bildete. Die Züge der grossen und kleinen Cliquen werden seither mit ihren aus Papiermaché gestalteten Larven (heute oft auch aus Kunststoff), Kostümen und Requisiten alle Jahre neu als eine Art Gesamtkunstwerk entworfen. Im Zentrum davon stehen die grossen Laternen mit ihren satirischen Darstellungen, die vor allem den Morgenstreich prägen und am Fasnachtsdienstag in einer grandiosen Schau auf dem Münsterplatz ausgestellt sind.

Bis zum Zweiten Weltkrieg waren an der Strassenfasnacht nur Männercliquen und **Buebezygli** beteiligt, während die Frauen sich mit den Maskenbällen begnügten. Mädchen, die trommeln und pfeifen lernten, hat es jedoch immer gegeben, und so war es eine Frage der Zeit, bis sich 1938 die erste Frauenclique die **Abverheyte** bildete. Nach dem Zweiten Weltkrieg setzte dann eine

Laternen-Ausstellung auf dem Münsterplatz

stürmische Entwicklung ein, die die Basler Fasnacht bald zu einem Massenphänomen mit heute gegen 20'000 Aktiven werden liess. Immer mehr inoffizielle Gruppen, sog. **Schyssdrägggzygli** entstanden. Einzelne Stammcliquen öffneten sich jetzt auch für Frauen, und in diese Entwicklung kommt zudem das Überhandnehmen der **Guggenmusiken,** denen heute vor allem der Dienstagabend auf den Plätzen der Innerstadt reserviert ist. (Barfüsserplatz, Marktplatz und Claraplatz).

Den Höhepunkt bildet aber seit eh und je der Morgenstreich am Montag nach Aschermittwoch um vier Uhr früh, wenn unter Trommel- und Piccoloklängen die bunten und fahlen, gespenstischen und verrückten Maskengestalten im warmen Schein der Laternen und Kopflaternchen durch die Gassen ziehen.

Die älteste Nachricht über die Basler Fasnacht stammt aus dem Jahr 1376, als Herzog Leopold III. von Habsburg, als

Schnitzelbänggler mit Helgen

S. 24/25 Morgenstreich

damaliger Herr über die Stadt, am Tag vor Aschermittwoch auf dem Münsterplatz ein Turnier veranstaltete. Durch provozierendes Verhalten der Ritter entstand ein Tumult, bei dem vier Adlige umkamen, während Herzog Leopold mit einem Kahn ins Kleinbasel flüchten

konnte. Es gibt Berichte von weiteren Turnieren auf dem Münsterplatz zur Fasnachtszeit.

Für die Theologen des Mittelalters, die um die Moral der Bevölkerung bangten, waren Verkleidungen und Maskierungen verdammungswürdige Überreste des Heidentums, die es zu bekämpfen galt. Mit unzähligen Verboten versuchte man deshalb, die Fasnacht zu unterdrücken, gab sie doch immer auch revolutionären Bewegungen Auftrieb. So beispielsweise am Fasnachtsdienstag 1529, als mit dem Bildersturm in Basels Kirchen die Reformation losbrach.

Auch nach dem Umsturz von 1798 als Folge der Französischen Revolution verboten die helvetischen Behörden aus Angst vor Unruhen Umzüge in der Stadt, doch es waren vor allem die Kleinbasler Ehrengesellschaften, die sich ihren traditionellen Festtag mit den Tänzen ihrer Ehrenzeichen **Vogel Gryff**, **Leu** und **Wild Maa** nicht nehmen liessen und mit diesen Umgängen möglicherweise auch die Fasnacht in eine neue Zeit hinübergerettet haben. Zur Zeit der Kantonstrennung von Basel-Stadt und Basel-Landschaft von 1833 und 1834, als wieder Verbote ausgesprochen wurden, war es der Metzgermeister und Wirt, Samuel Bell, mit seinen trommelnden Gesellen, die einen Morgenstreich ertrotzten. Das führte 1835 dazu, dass eine neue, freiheitliche Fasnachtsverordnung herauskam, in der der Morgenstreich um vier Uhr offiziell festgesetzt wurde. Ein Verbot von 1845, bei dem die Verwendung von offenen Fackeln wegen Feuergefahr untersagt wurde, hat schliesslich zur Entwicklung der heutigen kunstvollen Laternen geführt.

Der **Cortège** (Umzug), wie er am Montag- und Mittwochnachmittag mit Trommeln und Pfeifen, Wagen und Guggenmusiken stattfindet, ist für die Cliquen ein notwendiger Kompromiss, denn eigentlich geht jede Gesellschaft während der Fasnacht ihre eigenen Wege. Am **Cortège** jedoch bewegt man sich auf der vom **Fasnachtscomité** vorgegebenen Route. Fast alle Gesellschaften sind nach ihrem aktuellen **Sujet** gestaltet, das von weitem schon auf der Vorderseite der Laterne erkennbar ist. Kostüme und Larven, Requisiten, Wagen und Chaisen sind als künstlerisches Gesamtkunstwerk darauf abgestimmt, und in den **Zeedeln**, die die **Vorträbler** verteilen, wird das satirische Thema dichterisch abgehandelt.

Wenn es Abend wird, bewegen sich die grossen und kleinen Cliquen und Gruppen wieder frei, kreuz und quer durch die Innenstadt. **Gässle** nennt man dieses selbstvergessene Umherziehen, das bis zum frühen Morgen dauert. Am Montagabend deponieren die Cliquen ihre grossen Laternen auf dem Münsterplatz, wo es den ganzen Dienstag über Gelegenheit gibt, diese einzigartigen Kunstwerke mit ihren satirischen Darstellungen zu betrachten. Wagen und Chaisen sind dann auf dem Kasernenareal ausgestellt.

In den Gaststätten herrscht natürlich überall grosses Gedränge – am Montag-

und Mittwochabend sind in den bezeichneten Lokalen auch die beliebten **Schnitzelbänkler** und **-bänklerinnen** mit ihren witzigen Versen und karikierenden Helgen anzutreffen.

Fasnacht total herrscht besonders am Dienstag, dem ursprünglichen Tag der Kinder, ab Mittag in der Innenstadt. Frei verkleidet im **Charivari** formiert man sich zu losen Gruppen, zu riesigen Zügen und winzigen **Schyssdräggzigli** und nimmt auch die kostümierten Kleinen und Kleinsten mit. Am Abend verziehen sich die Cliquen in die Hintergassen und überlassen das Feld jetzt den **Guggenmusiken**, die ab 20 Uhr ihre gewaltigen Konzerte auf dem Barfüsser-, Markt- und Claraplatz abhalten. Manche, vor allem kleinere Cliquen, lassen den Cortège vom Montag- und Mittwochnachmittag aus, verzichten damit auf die Subvention durch das Fasnachts-Comité und ziehen erst gegen Abend los, wenn es dunkel ist in den Gassen. Die herrlichsten Stunden beim **Gässle** für die Aktiven brechen dann an, wenn die meisten Zuschauer verschwunden sind und die Fasnacht jenen gespenstischen Hauch bekommt, bei dem es einem erst so richtig wohl wird unter der Larve.

Morgenstreich: Montag nach Aschermittwoch um 4 Uhr früh.

Cortège: Montag- und Mittwochnachmittag nach Aschermittwoch ab 13.30 Uhr.

Laternenausstellung: Dienstag nach Aschermittwoch auf dem Münsterplatz; zudem **Wagenausstellung** auf dem Kasernenhof und gleichentags freie (**Kinder-)Umzüge, Maskentreiben** und ab 20 Uhr **Guggenkonzerte** (Barfüsser-, Markt- und Claraplatz).

Schnitzelbänke in bezeichneten Lokalen am Montag- und Mittwochabend.

www.fasnacht.ch
www.fasnachts-comite.ch

Cortège in Basel

PRATTELN

Dr Butz fahrt us!

Eine kleine, feine Bauernfasnacht hat sich in Pratteln bis heute erhalten können. Es ist der **Butz** – ein alter Heischebrauch. Am Samstag nach Aschermittwoch macht sich um 8 Uhr morgens vom Rumpel her ein eigentümliches, maskiertes Grüpplein auf die Route durch Pratteln, lautstark begleitet von den **Hornbuebe** mit grossen Hörnern und **Chläppere**. Im mitgeführten, mit Tannenbäumchen und bunten Bändern geschmückten Leiterwagen sitzt der **Butz** oder **Bachis** (Bacchus) mit fülligem Bauch. Die ausgestopfte Figur in blauer Bluse mit einem Kragen aus Rebenranken wacht über das Weinfass auf dem Wagen. Begleitet wird sie vom **Küfer** mit seiner Lederschürze, der in der einen Hand den Küferhammer und in der anderen eine kupferne Weinkanne mit sich trägt, in der früher der gespendete Wein eingesammelt wurde. Zu den **Bützlern** gehören ausserdem der **Fuhrmann,** der seine zweibeinigen, maskierten ‚Zugpferde' antreibt, der grüne **Tännlimaa,** der mit Schneckenhäuschen geschmückte **Schnägglimaa** und der von oben bis unten mit Jasskarten ausstaffierte **Kärtlimaa** mit zweigesichtiger Larve, die mit ihren Sammelbüchsen klappern. Ähnliche Maskengestalten sind auch an anderen Orten in der Region zu finden, z.B. beim Eierleset im aargauischen Effingen und bei den Narren von Zell am Harmersbach (S. 80). Auch der Quacksalber **Doktor Eisenbart**, der mit einem Bauchladen seine Ingredienzen an den Mann oder die Frau bringt, ist eine alte, auch an anderen Orten beliebte Fasnachtsfigur. Schliesslich gehört noch das **Eierwybli** dazu, das die gespendeten Eier einsammelt und nicht zu vergessen die gewichtige Figur des **Wilhelm Tell** im Hirtenhemd mit der obligaten Armbrust.

Der Baselbieter Volkskundler Eduard Strübin erwähnt im Buch ‚Jahresbrauch im Zeitenlauf', dass die beiden Figuren des Bacchus und des Tell städtischer Herkunft sein könnten und erst im Lauf der Zeit zu dieser dörflichen Maskenbande gestossen sind. Wilhelm Tell ist ja in den Umzügen der Basler Vorstadtgesellschaften eine beliebte Figur gewesen, und am Umzug der Basler Küfer um 1800 wurde jeweils auch ein Bacchus auf einem Wagen mitgeführt.

Der **Butz** wurde früher von Buben, die im Jahr zuvor konfirmiert worden waren oder von den **Stäcklibuebe**, den stellungspflichtigen Burschen, ausgespielt. Heute stecken unter den Masken Jugendliche auch weiblichen Geschlechts. Der Erlös aus dem Heischen geht zu zwei Dritteln an die jungen Leute und zu einem Drittel an die Prattelerr Brauchtumspflege.

Im Jahr 2010 ist der **Butz** als Brauch von einer Erneuerungsgruppe im Dorf neu aufgegleist und mit künstlerisch gestalteten, neuen Larven und Kostümen ausgestattet worden. Seither findet er auch nicht mehr wie früher am Montag vor Aschermittwoch (Hirsmontag), sondern am Samstag davor statt. Am Ende des Umzugs wird von den Maskengestalten jeweils um 11 Uhr auf dem Schmittiplatz ein kleiner Tanz aufgeführt, der ein grosses Publikum anzieht.

Natürlich ist der **Butz** heute für die Jugendlichen nicht mehr das grosse Ereignis des Jahres – zu viele andere Anlässe finden statt. Gleichwohl aber haben sie offensichtlich Spass daran und werden ihn wohl immer in Erinnerung behalten als Andenken an ein letztes Stück intakten Dorflebens, das sich Pratteln trotz Industrialisierung und grossem Wachstum erhalten konnte.

‚**Dr Butz fahrt us**' am Samstag nach Aschermittwoch ab 8 Uhr früh, Tanz auf dem Schmittiplatz 11 Uhr.

Fasnachts-Umzug am Sonntag nach Aschermittwoch um 14 Uhr, abends **Fasnachtsfüür beim Mayenfels** um 18.30 Uhr, Fackelzug im Dorfkern 19.30 Uhr und **Schneemaa-Verbrennen** beim Schulhaus Grossmatt.

www.pratteln.ch
www.vvpa.ch
www.baselland-tourismus.ch

Liestal: Chienbäseträger und -trägerinnen

LIESTAL

Wenn es funkt und raucht im ‚Stedtli'

Wenn es Abend wird am Funkensonntag (Sonntag nach Aschermittwoch) strömen gegen sieben Uhr grosse Mengen von Schaulustigen aus dem In- und Ausland ins **Stedtli**, denn die Nachricht von der grossartigen Feuernacht hat sich längst herumgesprochen. Das kommt nicht von ungefähr, haben doch die Liestaler ihren Feuerkult in pyromanischem Übermut zu einem Spektakel entwickelt, das kaum zu überbieten ist, und an dem sich auch freie Gruppen aus der Region beteiligen. Das gleichzeitig auf einer Anhöhe brennende Fasnachtsfeuer wird dabei ganz ins Abseits gedrängt, obwohl es doch eigentlich am Ursprung des Brauchs stand.

Von Fasnachtsfeuern der Bauern in der Basler Gegend ist schon Mitte des 16. Jahrhunderts die Rede, allerdings wurden die Feuer nach der Reformation während Jahrhunderten als ‚heydnisch Werk' verboten, aber nie ganz ausgerottet. Um 1800 heisst es, dass einige Wochen vor der Fasnacht die ganze Liestaler Bubenschaft zum Sammeln von Brennmaterial unterwegs war und damit einen möglichst hohen **Fastnachtmaa** errichtete. Dabei gab es eine Konkurrenz unter den Quartiergruppen. Die **Stedtlimeier** stellten ihn um 1950 auf der Burg, die **Gstadigmeier** auf der Wysse Flue auf. Quartierweise zogen sie dann zu den Holzstössen und steckten sie beim ersten Klang der Betzeitglocke in Brand. Dann ‚zünden sie ihre Kienfackeln an, schwingen sie anfachend hin und her über dem Kopf und ziehen, einer hinter dem andern, in geschlossenem Zug' dem Städtchen zu. In der zweiten Hälfte des 19. Jahrhunderts entwickelte sich daraus ein Kinderfest, an dem auch Mädchen mit Lampions teilnehmen konnten, während die Burschen vom Feuer, dem sogenannten **Wällemaa** aus, weiterhin ihren Fackelzug betrieben. Allmählich wurden die **Chienbäse** jetzt durch gekaufte Pechfackeln verdrängt, bis 1924 der Turnverein, verkleidet als **Alti Wyber** und mit selbstgebauten Kienfackeln den braven Kinderumzug durcheinanderbrachte. Die Gruppe wurde jedes Jahr grösser und die Kienbesen immer gewaltiger, so dass nur noch ein Erwachsener sie tragen konnte. In den 30er-Jahren hat dann die Idee der Feuerwagen Funken geschlagen: ein paar übermütige Burschen füllten einen Eisenkessel mit Holz, stellten ihn auf einen metallenen Karren und feuerten darin an. Mit diesem improvisierten Feuerwagen rannten sie durch die Zuschauerreihen. In den folgenden Jahren erschienen laufend verbesserte und vergrösserte Exemplare, bis sie der Gemeinderat aus Sicherheitsgründen 1948 verbot.

Als dann am Eidgenössischen Trachtenfest von 1961 in der Stadt Basel ein nächtlicher Umzug mit der Zurschaustellung von Licht- und Feuerbräuchen aus der ganzen Schweiz stattfand, stellten sich auch die Liestaler Turner mit ihren Feuerbesen ein. Nach den zauberhaften Gruppen mit Räbenlichtern, Iffelträgern, Silvesterkläusen und den gespenstischen Schnabelgeissen markierten die Baselbieter den überwältigenden Schluss- und Höhepunkt. Natürlich konnten sie es sich nicht verkneifen, mit den in Liestal verpönten Feuerwagen aufzufahren. Es zischte und krachte, und die Funken stoben bis weit über

Chienbäse

die Dächer der Freien Strasse hinaus – ein Tross der Basler Feuerwehr folgte ihnen auf dem Fuss. Die ‚gewaltige Feuersbrunst der Liestaler Urmenschen' wie es in der Presse hiess, machte auf alle Fälle grossen Eindruck – die Landschäftler hatten den Städtern ein für alle Mal gezeigt, ‚wo Gott hockt!' Klar, dass von nun an die Liestaler Behörden ihr Feuerwagenverbot vergessen konnten, schliesslich war jetzt auch ein gehöriges Stück Lokalstolz damit verbunden. Unter minutiösen Sicherheitsvorkehrungen der Feuerwehr feuern sie nun Jahr für Jahr – längst machen auch Frauen mit, seit 1992 sogar mit einem eigenen **Wiiberwage** – rennen mit ihren schwergewichtigen **Chienbäse** aus Föhren- und Fichtenholz im Trab durchs Obere Tor, damit die alten Balken nicht Feuer fangen (man beachte die Brandspuren an der Decke ...) und lassen die Zuschauermenge in der Rathausstrasse vor den Flammen entsetzt zurückweichen.

Chienbäse-Umzug:
Feuerwagen am Oberen Tor

Kienbesenumzug am Sonntag nach Aschermittwoch um 19 Uhr.

Fasnachts-Umzug gleichentags um 13.45 Uhr.

www.fasnacht-liestal.ch

SISSACH

Wo s Hutzgüri umgeht und s Chluri brennt

Ein seltsames, unheimliches Wesen geht am Donnerstagabend nach Aschermittwoch in Sissach um: **s Hutzgüri**. Furchterregend ist sein mächtiges Maskengesicht mit Kuhhörnern, weit aufgerissenen Augen und verzerrtem Mund mit herausragenden Hauern. Vermummt mit Lumpen, Efeu und wirrem Geäst wird es wie ein Ungeheuer an einer Kette durchs Dorf geführt, begleitet vom **Schärmuuser**, dem **Veedokter** und den drei **Weibelwybern** (**Eierwybli**). Beim Gang klingen unruhig die Schellen, die das Hutzgüri am Leib trägt. An ein paar Haustüren im Dorf macht die Horde halt. Ausgewählten Sissachern werden jetzt ‚die Kutteln geputzt', und dabei wird auch nach Gaben geheischt. Das **Hutzgüri** schüttelt sich und gibt tiefe, fauchende Laute von sich – wie ein unheimlicher Dämon, herübergerettet aus einer anderen Zeit. Tatsächlich notierte ein Sissacher Pfarrer bereits im Jahr 1599, dass am Hirsmontag (Montag nach Aschermittwoch) junge Burschen ‚abgötterey mit einem vermummten schönbart trieben, dem sie sagen der Gutzgyr'. Um 1600 wird die Gestalt auch in Tenniken und Wintersingen erwähnt, und eine ganze Reihe von herkömmlichen Heischeliedern zeigt, dass der Brauch bis zur Mitte des 19. Jahrhunderts weit verbreitet war.

Das **Hutzgüri** war auch unter anderem Namen – vor allem an Mittfasten, dem vierten Sonntag nach Aschermittwoch – an verschiedenen Orten unterwegs. Von Lausen wissen wir, dass es noch in den 1850er-Jahren herumzog, während seine Begleiter sangen: ‚**Hunz-Güri-Gee, Stock voll Schnee, Eier und Brot – lueget, wie das Hunz-Güri-Gee do stoht!**'

In Sissach hat man diesen Brauch 1985 und in Rothenfluh 1992 wieder ins Leben gerufen.

Ähnliche Bräuche sind auch im Sundgau und im Markgräflerland erhalten geblieben wie beispielsweise der **Iltis** (S. 122), der **Butzimummel** (S. 118) oder der **Miesme** (S. 104).

Eine weitere, imposante Maskengestalt in Sissach ist **s Chluri**. Es zeigt sich erst am Fasnachtsende, am Donnerstag, acht Tage nach Aschermittwoch in Form einer mächtigen, bis sechs Meter hohen Figur, die verbrannt wird. Eigentlich verkörpert sie das vorwitzige ‚alte Weib', das früher intrigierend in den Dörfern unterwegs war. Vermummt in alten Frauenkleidern hat man, wie an anderen Orten auch, im Baselbiet vielfach Fasnacht gemacht, nicht zuletzt deshalb, weil der armen Landbevölkerung das Geld für Kostüme fehlte.

Fünf Tage lang herrscht in Sissach Fasnachtstreiben: am Sonntagnachmittag nach Aschermittwoch der grosse Umzug, bei dem das mächtige **Chluri** auf einem Wagen die grosse Attraktion bildet, abends um sieben Uhr dann der Fackel- und Laternenumzug, am Montag der Morgenstreich, am Dienstag der Kinderball, abends das Guggenkonzert und am Mittwoch freies Maskentreiben. Am Donnerstag wird es dann auch für die Sissacher Zeit zum Endstreich.

Gegen Abend erscheinen die Fasnächtler und Fasnächtlerinnen in ihren Larven, jedoch alle in weisse Tücher gehüllt. **D Hüülwyber brüele** herzerweichend ihr ‚juhuu, juhuu', und da und dort knallt schon ein vorzeitiger Kracher in den Gassen. In einem Umzug mit Guggenmusik, Cliquen und Laternen wird **s Chluri** – in seiner Form meist anspielend auf eine Lokalgrösse oder ein vergangenes Ereignis – auf einem Wagen durch das Dorf gefahren. Am Strassenrand, besonders bei der Löwenkreuzung, steht eine dicht gedrängte Menschenmenge. Beim Richtplatz auf der Allmend endet dann der Trauerzug. Früher hat man noch auf dem Dorfplatz richtige Beerdingungsszenen mit Sarg und Puppenverbrennung durchgespielt, die dann aber in kirchlichen Kreisen auf Widerstand gestossen sind. Die ‚Klageweiber' sind noch ein Überbleibsel davon.

Vor rundum versammeltem Volk auf dem Richtplatz hält der Zeremonienmeister per Lautsprecher derb und ohne Umschweife seine Abdankungsrede. Lokalereignisse des vergangenen Jahres werden durch den Kakao gezogen. Dann geht's dem **Chluri** an den Kragen. Unter dem Trauermarsch der Guggenmusiken, in einem Meer von Flammen und Rauch, Krachern und Raketen, findet die Sissacher Fasnacht ein tobendes Ende.

Hutzgüri-Umgang am Donnerstagabend nach Aschermittwoch ab 19 Uhr.

Grosser Fasnachts-Umzug am Sonntag nach Aschermittwoch um 14 Uhr; abends **Laternen- Fackel- und Chienbäse-Umzug** um 19.30 Uhr.

Morgenstreich am Montag nach Aschermittwoch um 4 Uhr.

Kindernachmittag in der Mehrzweckhalle Bützenen am Dienstag nach Aschermittwoch um 13.30 Uhr, 15.30 Uhr, anschliessend **Umzug und Konfettischlacht** und abends **Guggenkonzert** um 19.15 bis 24 Uhr.

Chluri-Verbrennung am Donnerstag, acht Tage nach Aschermittwoch, um 19.30 Uhr.

www.fgs-sissach.ch

Hutzgüri mit Eierwybli

MÖHLIN

Bürkligeist und Star-Tambouren

Möhlin ist eine Fasnachtshochburg im Fricktal, in der, wie auch in Laufenburg (S. 14), die Fasnacht bereits am **1. Faisse**, dem ersten Faissen Donnerstag, eröffnet wird. Tambouren, Elferrat und Guggenmusik treffen um 19 Uhr beim Gemeindehaus zur Schlüsselübergabe ein.

Das Verlesen des Protokolls findet am Narrenbrunnen beim Rest. Schiff durch den Schriftenführer statt, und später trifft der **Bürkligeist** ein.

Die Tambouren der Fasnachtzunft Ryburg holen ihn aus seinem Versteck, und mit lautem **Narri – narro** wird er vom Publikum empfangen. (Das **Bürkli**, die Ruine der römischen Festungsanlage ist heute noch zu sehen).

Die sagenumwobene Figur mit Fuchsfell auf den Schultern, in urchiger Holzlarve mit langen, weissen Haarsträhnen, versteckt in ihrem Wurzelstock eine Schnapsflasche, aus der nur dem Zunftmeister, seinem hohen Rate (Elferräte) und den Ehrenmitgliedern ein Schluck gegönnt wird; am Gürtel trägt er ein Horn.

Die Legende besagt, dass der Geist zum ersten Mal von zwei Fischern gesehen wurde. Die trinkfreudigen Burschen glaubten, jeweils in nebligen Herbstnächten eine Gestalt über dem Wasser des Rheins zu erblicken. Ihre Angst vertrieben sie mit Spott über den sagenhaften **Bürkligeist**, von dem sie schon gehört hatten – bis er ihnen eines Nachts persönlich erschien. Sie waren auf ihrem Kahn eingeschlafen und wären beinahe mit einem Felsen zusammengestossen, als sie von einem Hornstoss geweckt wurden. Der echte **Bürkligeist** soll ihnen dabei erschienen sein. ‚Wenn ihr weiter über mich spottet, werde ich euch das nächste Mal in euren Träumen lassen und ihr werdet im Gewild umkommen', soll er gerufen haben. Weil er sie vor solchem Unglück bewahrt hatte, mussten ihm die Fischer versprechen, dass sie ihn künftig jedes Jahr ins Dorf holen, damit er für zwanzig Tage unter den Lebenden weilen kann. Und so gilt es bis heute: Am 19. Tag vor Beginn der Fastenzeit rufen ihn die Tambouren ins Dorf, und am Aschermittwoch wird er wieder heimbegleitet.

Möhlin mit seinen über zehntausend Einwohnern, auch ‚Dorf der drei Kirchen' genannt (christkatholisch, evangelisch-reformiert und römisch-katholisch) ist durch die Bahnlinie Basel-Zürich geteilt – **Ryburg**, das ehemals eigenständige Dorf, liegt im Süden, **Meli** im Norden. Der Ort hat eine bemerkenswerte Fasnacht – Hauptanlässe sind die grossen Umzüge am Fasnachts-Sonntag und -Dienstag – mit gegen fünfundsiebzig teilnehmenden Gruppen, Sujetwagen und Guggen. Seit 1986 machen dabei auch diverse Frauengruppen mit wie **d'Landeier**, **d'Wöschwiiber** oder **d'Märtwyber** mit ihren witzigen Ideen und Aktionen.

Berühmt sind seit rund zwei Jahrzehnten die Tambouren der 1923 gegründeten Fasnachtzunft Ryburg. Es kam einer Sensation gleich, als ihr ehemaliger Zunftmeister Ivan Kym 1993 in die Basler Fasnachts-Hochburg eindrang und Trommelkönig wurde. Er hat seither immer wieder Preise abgeräumt, ist mehrfacher Schweizer Meister, Trommel-Instruktor und Komponist und kommt mit seinen **Chriesibuebe** – Startambouren aus der ganzen Schweiz – auch an die Basler Fasnacht. Bei der Fasnachtzunft ist es 1964 zu einer Abspaltung gekommen, aus der die **Meler Galgevögel** hervorgegangen sind. Inzwischen gestalten die beiden Gesellschaften in kreativer Konkurrenz gemeinsam die Möhliner Fasnacht.

Fasnachtseröffnung und Schlüsselübergabe am 1. Faisse (Donnerstag, drei Wochen vor Aschermittwoch), Gemeindehausplatz 19 Uhr; **Öffentliche Sitzung** und **Bürkligeist** am Narrenbrunnen um 20.11 Uhr.

Grosser Umzug am Fasnachtssonntag vor Aschermittwoch um 14 Uhr.

MGV Guggerkonzert, Montag vor Aschermittwoch um 19 Uhr.

Grosser Umzug am Fasnachtsdienstag vor Aschermittwoch um 14 Uhr.

Trauerumzug am Aschermittwoch ab Bahndamm um 20.11 Uhr und **Verbrennung** des letzten Narren beim Narrenbrunnen.

www.fasnachtzunftryburg.ch
www.galgevoegel.ch

BIEL-BENKEN

Reedlischigge, Faggeleschwinge und Straumaaverbrenne

Zauberhaft ist die Stimmung in der Nacht des **Funggesunntig** (Sonntag nach Aschermittwoch), wenn auf unzähligen Anhöhen der ganzen Dreiländerregion die Fasnachtsfeuer aufleuchten und die glühenden **Reedli** (Scheibchen aus Holz) in den Nachthimmel hinausgeschleudert werden. Noch vor wenigen Jahrzehnten war der Brauch an einzelnen Orten religiös geprägt, wie beispielsweise in Arlesheim, wo man vor dem Abbrennen des ‚Fastenfeuers', wie man es nannte, niederkniete, um ein Gebet zu verrichten. In Buchenbach im Schwarzwald betet man zuvor noch in der Bergkapelle und schickt zum Abschluss ein Feuerrad den Hang hinunter (S. 102).

Die älteste Nachricht über das Scheibenschlagen stammt aus dem Kloster Lorsch bei Worms, das am 31. März 1090 durch eine glühende Feuerscheibe in Brand geriet und völlig zerstört wurde. Im Baselbiet gehört Benken zu jenen Orten, die ausdauernd an diesem Brauch festgehalten haben. Dabei ist aber nicht zu vergessen, dass es auch im alten Basel Fasnachtsfeuer mit Fackelläufen und Scheibenschlagen auf der Pfalz, aber auch im Kleinbasel und in den Aussenquartieren gegeben hat, die wegen Unfugs und Feuergefahr verboten wurden. Nichtsdestotrotz ist die Tradition der Fasnachtsfeuer in der Stadt bis Anfang des letzten Jahrhunderts erhalten geblieben – sogar im Rheinbett beim Bläsiring hat man sich dabei vergnügt.

Einen besonders schönen und aussichtsreichen Ort besitzt Benken im Leimental für seinen Feuerbrauch: die Wiese ‚ob den Hollen' über dem Rebberg ist der Gemeinde von einem Gönner eigens zu diesem Zweck vermacht worden. (Auch oberhalb der Partnergemeinde Biel wird auf dem Oberen Acker ein Feuer entzündet). Die beiden Dörfer haben sich 1972 zu einer einzigen Gemeinde vereinigt, nach alter Tradition pflegt man jedoch weiterhin sein eigenes Fasnachtsfeuer.

Am Nachmittag des **Funggesunntig** geht es mit dem **Wällesammle** der Dorfjugend, dem Einsammeln von Holzbündeln, los. Nach sieben Uhr abends, wenn es bereits dunkel ist, zieht man zum Rebberg hinauf. Um den Hals tragen vor allem die Jugendlichen einen Drahtring mit den aufgereihten Holzrädchen, dazu ein paar frische Haselstecken und meist noch die erwähnte Fackel aus Kienspänen. Oben brennen bereits drei bis vier Feuer, damit für alle Platz bleibt, um die Rädchen, an die Haselruten gesteckt, ins Feuer zu halten. Sobald diese angesengt sind, werden sie an der **Reedlibangg** mit wuchtigem Schlag in die Nacht hinausgeschleudert. Wirbelnd fliegen sie davon – je nach Könnerschaft mehr oder weniger weit. Von den Sprüchen mit Wünschen und Schmähungen, wie sie früher beim Scheibenschlagen üblich waren, ist heute kaum mehr etwas zu vernehmen. Wenn aber alle Rädchen aufgebraucht sind, werden wie immer die Kienfackeln entzündet. Als Einerkolonne führt dann ein langer Zug, der sich in der Dunkelheit wie eine glühende Schlange den Berg hinunter windet, ins Dorf zurück. Unten auf dem Wiesenplan schwingen dann alle ihre lodernden Fackeln im Kreis, so dass ihr

Schein wie feurige Spiralen aufleuchtet. Sind die Fackeln erloschen, begibt man sich in die Dorfwirtschaften, um den Beginn der ‚Alten' oder ‚Bauernfasnacht' zu feiern, die am Mittwochabend mit dem **Straumaaverbrenne** durch die Jugendlichen beider Dorfteile schliesslich ihr Ende findet.

Fasnachtsfeuer mit Reedlischigge am Sonntagabend nach Aschermittwoch hinter dem Tannenhof und auf dem Säbelacker ab 19 Uhr. Anschliessend **Fackelumzug** 21.45 Uhr.

Straumaaverbrenne mit Lärmumzug beim Feuerwehrmagazin am Donnerstagabend, acht Tage nach Aschermittwoch um 19 Uhr.

www.biel-benken.ch

Südbaden

FREIBURG IM BREISGAU

Fasnetrufer und Bächleputzer

Am Nachmittag des Schmutzigen Donnerstags gibt es in Freiburg Gelegenheit, der spektakulären ‚Entmachtung' des Bürgermeisters beizuwohnen. Auf dem Rathausplatz biwakiert die Ranzengarde, Suppe wird ausgeschenkt und Marschmusik gespielt. Plötzlich geht ein Kanonendonner los und unzählige Narren im Häs mit ihren charakteristischen Holzlarven finden sich ein. Gegen 16 Uhr stürmen sie gewaltsam – mit bewaffneter Hilfe – das Rathaus. Der Bürgermeister wird hergeholt und muss sich nun dem Narrengericht stellen, um anschliessend die Rathausschlüssel bis zum Aschermittwoch abzuliefern. Bänkelsänger geben ihre satirischen Verse zum Besten, und zum Abschluss wird allen ein Umtrunk spendiert. Gegen fünf Uhr löst sich die bunte Gesellschaft wieder auf.

Inzwischen sind die **Hemdglunker** auf dem Weg zum Holzmarkt. Sie holen dort den Narrenbaum ab und karren den langen Stamm mit dem bunten Wipfel zusammen mit den **Fasnetrufern** im **Flecklehäs** unter lautem Rätschen-Geratter und Holzlöffel-Trommeln durch die Kaiser-Joseph-Strasse auf einem Umweg zum Rathausplatz. Mit viel Klamauk – und zimmermännischem Sachverstand – wird der Baum in die Höhe gehoben und aufgestellt. Mit seinen bunten Bändern verkündet er bis zum Aschermittwoch das Narrenrecht über der Stadt.

‚Wohl einer Stadt, die Narren hat', lautete einmal das Motto der Freiburger Fasnet, und die Zweideutigkeit des Ausspruchs ist kein reiner Zufall. Zwar wird die Fasnacht in Freiburg bereits im Jahr 1283 in einer Urkunde des Klosters Adelhausen erwähnt, aber die wechselhafte Geschichte der Stadt hat sich zwangsläufig auf das Erscheinungsbild der **Fasnet** ausgewirkt. Wie andernorts auch wurde im 16. Jahrhundert wegen Übergriffen das ‚**butzengon oder brunnentragen**' der Zünfte zeitweilig verboten. Trotzdem mussten Bürger festgehalten werden, die während der Fasnachtszeit in den Kostümen der Passionsspiele herumliefen. Während der Vorderösterreichischen Zeit, im 18. Jahrhundert, kamen Begriffe aus Wien auf wie Fasching oder Redouten (Maskenbälle), die vorerst auf Widerstand stiessen. Als Freiburg dann 1806 zum Grossherzogtum Baden kam, gab das der Fasnacht mit der Zulassung von Vereinen neuen Aufschwung. 1844 kam der erste grosse Umzug zustande mit historischen und theatralen Gestalten, und gegen Ende des Jahrhunderts formierte sich dann der Carnevalsverein, der die Bürgerbälle und die noch heute beliebten **Kappensitzungen** nach rheinländischem Vorbild auf die Beine stellte.

Nach dem Ersten Weltkrieg besann man sich wie überall wieder vermehrt auf die eigenen Wurzeln zurück. 1934 wurde die **Breisgauer Narrenzunft** gegründet, und der **Fasnetrufer** mit dem bunten **Flecklehäs** und seiner freundlich dreinblickenden Holzlarve entwickelte sich zum Prototyp der Freiburger **Fasnet**. Vor einigen Jahrzehnten hat man zudem den **Münsternarren** – einem Wasserspeier

Fasnetrufer im Flecklehäs

am Münsterchor nachempfunden – zum Wahrzeichen erkoren. An offiziellen Anlässen tritt er auch in Menschengestalt auf.

In den verschiedenen Stadtteilen entwickelten sich bis heute über dreissig **Narrennester**, aus denen ein grosser Reichtum an charakteristischen Gestalten wie die **Haslacher Dickköpf**, die **Bächleputzer**, die **Herdermer Lalli** oder die **Zähringer Burgnarren** hervorgegangen sind. Neben ihren eigenen Anlässen zeigen sie sich gemeinsam am **Fasnetmendig** (Rosenmontag) am grossen Umzug in der Stadt, an dem aber immer auch auswärtige Gesellschaften – Basler inbegriffen – beteiligt sind.

Am Tag davor, am **Fasnetsunndig**, wird seit 2005 zu einer fröhlich-bunten Narrenmesse in der Kirche zu St. Martin geladen mit Predigt in Reimen, Gebeten in Alemannisch und der **Guggemusik Eckepfätzer**. Buntes, fröhliches Maskentreiben folgt dann am Nachmittag: zwischen Siegesdenkmal und Bertoltsbrunnen bewegen sich Musikkapellen und Guggenmusiken, aber auch unorganisierte Narren mischen sich ins Gewühl. Unter den Arkaden der Kaiser-Joseph-Strasse wird musiziert und getanzt, und alle, die sich hier produzieren wollen, sind gern gesehen. Spontaneität ist gefragt, das Gedränge ist gross, und natürlich gehört diese unbeschwerte Fasnacht vor allem auch den Kindern, den kleinen Narren von morgen.

Am Fasnachtsdienstag wird schliesslich in den verschiedenen **Narrennestern** wehmütig die **Fasnet** beerdigt oder verbrannt und die Narrenbäume werden gefällt. Schliesslich folgt in Freiburg am Aschermittwoch als letzter Akt die **Geldbeutelwäsche** der Zunft der Fuhrleute im **Bächle** vor dem Rathaus.

Narrennester

Bächleputzer
Blaue Narren
Bohrer Zunft
Fasnetrufer
Freiburger Feuer-Narren
Freiburger Hexen
Freiburger Münsterstadtnarren
Friburger Bobbili
Friburger Glunki
Fuhrleute
Gigiligeister
Haslacher Dickköpf
Herdermer Lalli
Herrenelferrat
Käsrieber
Miau-Zunft
Mooskrotten
Mooswaldwiibili
Oberwiehremer Kindsköpf
Ranzengarde
Ribblinhieler
Rebläus
Reitercorps
Scherbe-Zunft
Schlossberggeister
Schnogedätscher
Schwarzwälder Tannenzapfen
Sioux-West
Turmsträsslerinnen
Waldseematrosen
Westhansele
Wetterhexen
Wühlmäuse
Zähringer Burgnarren

Sturm aufs Rathaus am Schmutzigen Donnerstag vor Aschermittwoch um 16 Uhr, Narrenbaumstellen um 17 Uhr.

Narrenmesse zu St. Martin, Sonntag vor Aschermittwoch um 11 Uhr.

Grosser Umzug am Nachmittag des **Fasnetmendig** vor Aschermittwoch um 14 Uhr.

www.breisgauer-narrenzunft.de
www.von-online.de

BAD SÄCKINGEN

Fasnachtsgestalten vom Hotzenwald

Bad Säckingen, das hübsche Städtchen am Rhein, mit der einzigartigen, über vierhundert Jahre alten Holzbrücke, dem Fridolinsmünster und dem Trompeter-Schlösschen ist eine wahre Hochburg der alemannischen Fasnacht. Verschanzt hat sich die Narrenzunft im Gallusturm, den sie 1973 ‚als Bollwerk gegen Trübsal' instandgestellt hat. Der Turm war 1343 nach einem grossen Hochwasser als Wellenbrecher am Rhein angelegt und später in die Verteidigungsanlage einbezogen worden.

Bereits am **1. Faisse**, dem ersten ‚Schmutzigen Donnerstag' vor Aschermittwoch, wird hier die Fasnacht eröffnet mit dem Stellen des Narrenbaums. Morgens um sechs Uhr werden die Säckinger mit dem Narrenmarsch geweckt – einer für Basler Ohren wohlbekannten Melodie, handelt es sich doch um die ‚Regimentstochter' aus den beliebten ‚Neuen Schweizermärschen'. Um 9.30 Uhr werden die Schulen geschlossen, und um 15 Uhr zieht der ‚Narrensamen', die fasnächtliche Jungmannschaft, den Narrenbaum, eine rund zwanzig Meter lange, bis zum Wipfel geschälte und bunt bebänderte Tanne – unterstützt von den **Wäldern** und begleitet von den **Maisenhardt-Joggeles** zum Marktplatz. Die **Wälder** sind als Hotzenwälder Bauern und Bäuerinnen Verkleidete in altmodischem schwarzem Anzug oder Rock, mit geschwärzten Gesichtern, Tannenreis am Hut und mit Rucksack und Stock, während die **Maisenhardt-Joggeles** mit pelzbesetzter, urtümlicher Holzlarve einen berühmt-berüchtigten Waldgeist verkörpern. Bereits um 1300 wird in Säckingen von ‚Schreckmasken' berichtet, die vor den Kindern abzuziehen seien, ‚daz diu darob nit erschrecken'. Als Trio repräsentieren der **Ur-Maisenhardt**, zusammen mit dem **Römer**, nachgebildet nach dem Fund eines Komödienkopfes aus der Römerzeit und dem **Siechenmännle** aus dem ältesten Stadtwappen, die traditionsreiche Säckinger Fasnacht.

Auf dem Marktplatz vor dem Fridolinsmünster hat sich inzwischen eine grosse Menge Schaulustiger eingefunden und es wimmelt von Kindern, die als Cowboys, Hexen oder Prinzessinnen erwartungsfroh herumhüpfen. Mit Zugseil und Stemmstangen wird die mächtige Fichte umständlich und mit humoristischen Einlagen der **Wälder** von Zimmerleuten fachmännisch aufgerichtet. Für die Verankerung gibt es eine feste Einrichtung unter der Pflästerung des Platzes. Mit Spannung wird die Aktion vom Publikum verfolgt, und wenn der schwankende Stamm endlich steht, wird er unter dem Jubel der Menge festgemacht. Die **Maisenhardt-Joggeles** tanzen verzückt, und für die Kinder gibt es Wurst und Wecken zur Feier des Tages.

Jetzt ziehen die **Wälder** los: einzeln oder in Gruppen machen sie Beizen, Ämter, Büros und Läden unsicher und intrigieren, was das Zeug hält. Hier kennt man sich und nimmt – auch ohne Larve – kein Blatt vor den Mund. Zur Besänftigung gibt's anschliessend einen Happen Brot und Wurst aus dem Rucksack, und ein kräftiger Schluck **Bränz** bringt die Welt wieder in Ordnung. Doch gleich geht's weiter zur nächsten

Maisenhardt-Joggele

Tür – die **Wälder** haben keine Zeit zu verlieren, ist ihr Erscheinen doch auf diesen einen Tag beschränkt. Wer die Gesichter allerdings kennt, wird ihnen im Gewand der **Hüüler** am Fasnachtsende nochmals begegnen.

Drei Wochen lang dauert die Säckinger Fasnachtszeit. Vor allem Maskenbälle werden abgehalten, Vereine und Pfarreien laden dazu ein. Ein Anlass besonderer Art ist der mehrfach durchgeführte ‚Narrenspiegel', der im Kursaal über die Bühne geht. Fasnachtsspiele sind in Säckingen alte Tradition, wurde doch schon 1539 die ‚Susanna', ein Stück von Sixtus Birk, Schulmeister an St. Theodor in Kleinbasel, hier aufgeführt. Die Aufführungen waren damals – ausschliesslich von Männern dargeboten – zur Belehrung des Publikums gedacht. So sah Sixtus Birk in seinem Stück ‚einen klaren Spiegel menschlichen Treibens'. Erst im 19. Jahrhundert haben die Anlässe ein weibliches Gegenstück erhalten, den **Wiiberklatsch**. Der Frauenball findet am Nachmittag des **3. Faissen** (Schmutziger Donnerstag) statt, unter Ausschluss der Männer. Die Frauen erscheinen mit fantasievollen Hüten, und was an sträflichen Vorkommnissen durchs Jahr hindurch passiert ist, wird nun unerbittlich durch den Kakao gezogen.

Die Strassenfasnacht mit dem grossen Umzug spielt sich am Fasnachtsmontag vor dem Aschermittwoch ab, während am Dienstag ein Kinderumzug mit Kinderball im Kursaal organisiert wird. Wenn es dann Abend wird, ist die Zeit der **Hüüler** angebrochen. Nach drei Wochen Narrenfreiheit fällt der Abschied von der Fasnacht besonders schwer. In weisse Tücher gehüllt, die Gesichter totenbleich getüncht, schleichen die **Hüüler** mit Fackeln in einem langen Zug durch die

Hüüler am Fasnachtsende

Altstadt. Eintöniger Trommelklang begleitet ihr Gejammer, und immer wieder erklingt der schleppend gespielte Narrenmarsch. Auf einer Bahre tragen sie den **Böög**, den kleinen schwarzen Mann, auf den Rathausplatz. Nach einer herzerweichenden Rede, gespickt mit Anspielungen auf die Lokalpolitik, wird der **Böög** angezündet und geht lodernd in Flammen auf, bis eine krachende Rakete verkündet, dass ‚**ihm d Seel usgfloge isch**'. Dann rotten sich **d'Hüüler** noch einmal zusammen. Im Gänsemarsch, unter melancholischem Murmeln des alten Spruchs:‚**hoorig, hoorig, hoorig isch die Chatz**' und begleitet von dumpfen Paukenschlägen, **dien si d Ecke uslaufe** und entschwinden, bevor der Aschermittwoch anbricht.

Wälderumzug mit anschliessendem Narrenstellen am **1. Faisse** (Donnerstag, drei Wochen vor Aschermittoch) um 14 Uhr.

Narrenspiegel am Mittwoch, Donnerstag 2. Faisse und Freitag im Kursaal um 20 Uhr.

Wiiberklatsch am Schmutzigen Donnerstag im Kursaal um 13 Uhr.

Fasnachts-Umzug am Montag vor Aschermittwoch um 14.30 Uhr.

Hüülerzug und Böögverbrennung am Dienstag vor Aschermittwoch um 20 Uhr.

www.maisenhardt.de

WALDSHUT

Narros, Hansele und Geltentrommler

Im Morgengrauen des Schmutzigen Donnerstags tauchen in Waldshut von überall her weisse Gestalten auf, die sich am Johannisplatz besammeln. Um fünf Uhr ziehen sie los und reissen mit hölzernem Geschepper und lauten Rufen das Städtchen erbarmungslos aus dem Schlaf. Es sind die Geltentrommler, die mit Holzlöffeln rhythmisch auf ihre umgekehrt am Bauch hängenden, kleinen Waschzuber schlagen und den Beginn der Fasnacht ankünden. Sie stecken alle in weissen Nachthemden mit Zipfelmütze und rotem Halstuch und weisse, meist handgestrickte Strümpfe bedecken die Waden. Die Gesichter sind mit Mehl bestäubt und wirken geisterhaft-nachtwandlerisch.

Die kleine Stadt am Rhein, in ihrem alten Kern begrenzt vom Oberen und Unteren Tor (auch Schaffhauser und Basler Tor genannt), ist rasch gefüllt mit den weissen Gestalten – entsprechend ohrenbetäubend ist der Spektakel. Für Basler mit ihrer Trommeltradition mag das Geklapper mit den Holzlöffeln ein dürrer Klang sein, doch in der Dunkelheit ist er einmalig gespenstisch in seiner Wirkung.

Wenn der Morgen dämmert, wird die traditionelle Mehlsuppe gegessen. Die Geltentrommler machen sich jedoch schon bald wieder auf den Weg zur Schülerbefreiung, denn um neun Uhr werden die Schulen gestürmt und die Lehrer vertrieben. Später geht es zu den Behörden wie Landratsamt, Rathaus, Bahn und Post. Die Chefs und Schulleiter werden zum traditionellen Heringessen geladen, bei dem man sich mit scharfen Worten gegenseitig auf die Schippe nimmt, um zum Schluss dann in froher Einigkeit in das Lied ‚O alte Waldstadtherrlichkeit' einzustimmen.

Doch um halb drei Uhr ist es schon wieder Zeit zum Aufbruch. Angeführt von Waldshuter **Narros** und **Hansele** ziehen die Geltentrommler mit einer riesigen Horde von verkleideten Kindern durch die Altstadt vom Unteren bis zum Oberen Tor. Auf dem Rückweg rufen die

Geltentrommler

Kinder die traditionellen Narrensprüche und werden dafür von den Anwohnern mit einem Regen von Süssigkeiten gesegnet. Im Chor tönt es dann von der Strasse her: ‚**Hüt goht d'Fasnacht a mit de rote Pfiife!**' oder ‚**Hanselema, du Lumpehund, häsch it gwüsst, dass d'Fasnacht chunnt? Hätsch di Mul mit Wasser gribe, wär dr s'Geld im Beutel bliebe!**', und: ‚**Blätz am Füdle, Blätz am Loch – Hungerliider sin er doch!**'.

Viele weitere Verse gehören dazu – in der Schule wird dafür gesorgt, dass sie rechtzeitig auswendig gelernt werden.

Die **Narros** und **Hansele** in ihren bunten Blätzlekostümen und Drahtgazemasken, die den Zug begleiten, sind Nachfahren des früheren Waldshuter **Narro**, von dem schon 1755 die Rede ist. Am Fasnachtsende warf man diesen in den Brunnen. Als sich 1869 der **Narro** vom Brunnenwasser eine schwere Erkältung zuzog, die ihn ins Grab brachte, hat man diesen fortan durch eine strohgefüllte Figur ersetzt, die am Fasnachtsdienstag verbrannt wird. Wie auch andernorts hat sich die Waldshuter Fasnacht nach dem Zweiten Weltkrieg vom früher üblichen Karneval weg auf die lokale Eigenart zurückbesonnen. So verzichtet man seit 1967 auf einen Fasnachtsumzug und hält dafür am Fasnachtsmontag einen ‚Närrischen Flohmarkt' ab an der Kaiserstrasse, der mit witzigen Überraschungen aufwartet. Einzigartig in der schwäbisch-alemannischen Fasnachtslandschaft ist vor allem aber die Maskierung des Geltentrommlers, der sein Gesicht einfettet und in einen Mehlsack bläst!

Wecken durch die Geltentrommler am Schmutzigen Donnerstag um 5 Uhr früh.

Geltentrommler-Kinderumzug am Schmutzigen Donnerstag um 14.30 Uhr.

Närrischer Flohmarkt am Montag vor Aschermittwoch ab 11 Uhr.

Fasnachtsverbrennung am Dienstag vor Aschermittwoch um 19 Uhr.

www.narro-zunft-waldshut.de

LÖRRACH

Friss'n wäg, dr Schnägg!

Bereits am 11.11. werden in Lörrach die Losung und der Protektor oder die Protektorin bekannt gegeben. Darüber hinaus hält man sich hier – wie im alemannisch-schwäbischen Raum für den Fasnachtsbeginn üblich, an den Dreikönigstag am 6. Januar. Gleich wie beim rheinischen Karneval kommen am 11. November auch an vielen Orten unserer Region – vereinzelt auch in der Schweiz – die Narrenräte zu ihren Sitzungen zusammen. In Zürich gibt es an diesem Tag seit einigen Jahrzehnten gar lärmige Maskeraden.

In Lörrach platzt der stimmungsvolle, alte Lassersaal schon eine gute Stunde vor elf Uhr aus allen Nähten, wenn sich die Vereinsmitglieder der Narrenzunft hier einfinden. Das **Schnäggeässe** ist ein begehrter Anlass, denn neben dem kulinarischen Genuss ist vor allem ein spritziger Sprühregen von satirischen Reden und Sprüchen vonseiten der (männlichen) Zunftmeister – im Vorstand gibt es aber auch Frauen – zu erwarten. Ausserdem wird zu diesem Zeitpunkt das Motto, **d Loosig** der kommenden Fasnacht verkündet. Natürlich fehlt es bei den Ansprachen auch nicht an ironischen Seitenhieben auf das Verhältnis zur schweizerischen Nachbarschaft – ein paar Baslerinnen und Basler sind denn als Gäste immer auch erwartungsfroh dabei. ‚**Si hänn uns der Hebel klaut, mir hänn ihne der Tell gschribe**' hörte man da einmal anspielend an die Basler Hymne ‚**z Basel an mym Rhy**'. Die Lörracher geben sich jedoch gerne auch selbstkritisch. ‚**Mr chunnt sich vor wie hindedri**' lautete 1988 die Losung. 2001 dann: ‚**Egal wär dra isch, mir sin dra**', und besonders aktuell 2014 mit dem Motto: ‚**Zueloose – nit abhöre**'. Was die rhetorische Kunstfertigkeit in den Reden anbelangt, können sich die Lörracher getrost mit mancher grossen Karnevals- und Fasnachtsstadt messen. Die ‚Zunftabende' zur Fasnachtszeit, deren Szenen von den Zunftmeistern nicht nur geschrieben, sondern auch gespielt werden, sind denn immer auch heiss begehrt und schon im voraus ausverkauft.

‚**Friss'n wäg – dr Schnägg**' heisst es in Lörrach nicht nur am 11.11., denn die Schnecke haben sie zu ihrem Fasnachtssymbol erkoren. Dazu gehören ausserdem die nachbarlichen **Stettemer Frösch** und die **Tumringer Güggel** mit ihren charakteristischen Holzlarven. Das traditionelle **Häs** (Kostüm) in Lörrach ist der **Zundel**, benannt nach dem ‚**Zundelheiner und Zundelfrieder**' von Johann Peter Hebel. Die vom Kunstmaler Erich Glattacker entworfene Figur trägt ein **Blätzlekleid** in den Farben grün, rot und gelb. Ein besonderes Merkmal der **Zundel** sind ihre akrobatischen Kunststücke, die sie auf den Strassen und Plätzen der Stadt zum Besten geben. Typisch für die Lörracher Fasnacht ist der **Dällerschlägg**. Bis vor wenigen Jahren war dieser den Zundeln vorbehalten – heute beteiligen sich alle Cliquen und Musiken der Narrengilde Lörrach an diesem Brauch, der den Abschluss des **Hemliglunggi-Umzugs** am **Schmutzige Dunnschdig** bildet. Traditionell beginnt der **Dällerschlägg** mit einem Tanz um einen riesigen Holzteller, worauf eine grosse Schnecke thront. Darum herum sind kleine Schnecken aus Schlagsahne und Meringues verteilt. Nach dem Absingen des Lörracher Fasnachtsliedes und mit dem Fasnachtsruf ‚**Friss'n wäg – dr Schnägg**' schlecken die Fasnächtlerinnen und Fasnächtler, auf dem Boden liegend, die süssen Tierchen auf. Wer darin eine goldene Schnecke erwischt, wird für ein Jahr **Dällerschlägger**.

Wenn hier von alter Tradition die Rede ist, so muss man anmerken, dass die Lörracher Fasnacht 2011 ihr 75jähriges Bestehen feiern konnte. Fasnacht gab es hier natürlich auch in viel früherer Zeit. So findet man von 1620 eine fürstliche Erlaubnis der Herrschaft Rötteln zum Abhalten von Tanz und Fest an der Fasnacht unter Aufsicht zweier Gerichtspersonen, damit ‚nichts wider die Ehrbarkeit vorgehe und alle Mummerei unterlassen' werde. Erst zweihundert Jahre später, im Jahr 1860, lädt schliesslich das Comité der Narhalla zu einem grossen Maskenzug durch die Strassen der Stadt. Wie damals allgemein üblich gibt es in den folgenden Jahren immer wieder Umzüge zu lokalen und internationalen Themen, bis der Erste Weltkrieg alle Fasnachtsveranstaltungen unterbindet. 1935 ruft Friseurobermeister Johann Maier-Muser am 11.11. erneut die Lörracher Fasnacht aus, und ein Jahr später folgt die Gründung der Narrengilde mit Elferrat. Von einem Nachtwandlerumzug am **Schmutzigen Dunnschdig** ist die Rede, vom **Dällerschlägg der Zundel** und dem grossen Fasnachtsumzug am **Fasnachtssunndig**. Es formieren sich neue Cliquen und Vereinigungen, und 1937 war man dabei, als sich der Verband Oberrheinischer Narrenzünfte (V.O.N.) gründete. Die Narrengilde Lörrach gehörte ihm bis zum Jahr 2013 an.

Nach dem Unterbruch durch den Zweiten Weltkrieg wird erst 1951 wieder ein grosser Fasnachtsumzug abgehalten, und seit 1988 kündet der Narrenbaum auf dem Alten Markt die Fasnachtstage an. Wer heute am **Fasnachtssunndig** nach Lörrach kommt, erlebt einen imposanten Umzug mit über dreitausend Fasnächtlerinnen und Fasnächtlern aus nah und fern – viele in prächtigen Häs (mit Holzmasken) und Kostümen (mit Pappmachélarven), darunter natürlich die zweiundvierzig Lörracher Vereine mit zwölf Guggen, einem Spielmannszug und neunundzwanzig Lauf- und Wagencliquen. Und wer Glück hat, kann die **Zundel** beobachten, wie sie in der Innenstadt ihre haushohe Menschenpyramide auf die Beine stellen.

Narrenbaumstellen am Samstag drei Wochen vor Aschermittwoch ab 10.45 auf dem Alten Markt.

Hemliglunggi-Umzug am Schmutzigen Donnerstag 18 Uhr, Alter Markt.

Gugge-Explosion am Samstag vor Aschermittwoch ab 11 Uhr bis nach Mitternacht in der Innenstadt.

Grosser Umzug am Sonntag vor Aschermittwoch um 13.30 Uhr.

s Finale am Dienstag vor Aschermittwoch mit Kinderumzug 13.30 Uhr, anschliessend Gugge-Konzert auf dem Alten Markt, **Monstre** um 18.30 Uhr, Narrenbaumfällen um 19 Uhr.

www.narrenzuft-loerrach-1936.de
www.narrengilde-loerrach.de

WEIL AM RHEIN

Buurefasnacht und Schiibefüür

Eine ganz besondere Fasnacht hat sich in Weil am Rhein entwickelt, **d Wiler Buurefasnacht**, die mit dem Narrenbaumsetzen am Samstagnachmittag auf dem Lindenplatz zwölf Tage vor dem Aschermittwoch beginnt und mit dem Scheibenfeuer auf dem Tüllinger Hügel am Samstagabend, zehn Tage nach dem Aschermittwoch, endet.

Über Jahrhunderte hinweg blieb Weil ein hübsches, verträumtes Rebdorf mit einem stattlichen Waldgebiet ‚um Oetikon', dem heutigen Stadtteil Friedlingen. Hier besassen die Nonnen des Basler Klingentalklosters ihren Klosterwald, und es ist überliefert, dass sie der Weiler Jugend gestatteten, ‚im Hölzli by Malgerstege' jeweils zwölf grosse Holzwellen für das Fasnachtsfeuer zusammenzutragen. Nach 1936 ist ein erster Elferrat aus der Taufe gehoben worden. Die Heimatschriftstellerin Helene Zapf und andere Autoren stellten sich zur Verfügung und sorgten damals für Programm und Liederhefte. 1938 wurde in Freiburg die Badische Narrenzunft gegründet, die Vorläuferin des heutigen Verbandes Oberrheinischer Narrenzünfte, der auch Weil angehört.

Ursprünglich stand der Hauptredner der **Wiler Buurefasnacht** bei einer Rebhütte auf einem Pritschenwagen und las vor, was im vergangenen Jahr alles vorgefallen war. Aus dieser alten Tradition leitet sich der heutige **Buurefasnachts-Sunntig** ab. Dazu gehört auch das Schnitzelbanksingen, das nach dem Zweiten Weltkrieg hier wieder Einzug hielt. 1962 wurde der Zunftrat gebildet, und mit dem Wachstum der Stadt vermehrten sich auch die Fasnachtscliquen, so dass die Narrenzunft heute zwanzig Narrengruppen, darunter mehrere Guggenmusiken, unter sich vereinigt. Dazu gehören u. a. **d Wiler Zipfel** mit der Symbolfigur der Weiler Fasnacht, dem Bauern mit Hemdzipfel und mit verschmitztem Holzlarvengesicht. Die älteste Wiler Clique ist **die Alti Fabriknäscht Cligge,** die die Figur eines Färbers darstellt, angelehnt an die früher ausgeprägte Textilindustrie in Friedlingen. **Rätschgosche** heisst eine 1971 gegründete Frauenclique, die den Kinderumzug eingeführt hat und jeweils am Aschermittwoch im Alten Rathauskeller **s Frauerächt** abhält, bei dem zwar Männer auch zugelassen sind, sich dabei aber auf einiges gefasst machen müssen.

Der Termin der ‚Alten Fasnacht' nach dem Aschermittwoch, wie er allgemein noch mit den Fasnachtsfeuern und dem Scheibenschlagen gefeiert wird und vor allem auch in Basel, Liestal und Sissach eingehalten wird, hält sich an die Zeit vor dem Jahr 1091, als durch eine päpstliche Order die Sonntage aus der vierzigtägigen Fastenzeit herausgenommen wurden. Damit verschob sich damals der Aschermittwoch (Fastenbeginn) in die Woche nach dem Sonntag Quinquagesima (Herrenfasnacht), dem heute weltweit üblichen Fasnachtstermin.

Mit dem Setzen des Narrenbaums auf dem Lindenplatz beginnen am Samstagnachmittag – zwölf Tage vor Aschermittwoch – die närrischen Tage in Weil am Rhein. An den beiden folgenden

Samstagen kann man in den Gaststätten den Schnitzelbänklern begegnen. Gespenstisch geht es dann eine Woche nach dem Schmutzigen Donnerstag zu, wenn in Weil und Haltingen die **Hemdglunggi-Umzüge** stattfinden. Am Samstagnachmittag und -abend vor der **Buurefasnacht** (nach dem Aschermittwoch) findet das grosse Guggen-Monsterkonzert auf dem Rathausplatz statt.

Der Höhepunkt der **Wiler Fasnacht** folgt dann am Sonntagnachmittag vor dem Basler Morgenstreich, wenn gegen 4000 Hästräger (Kostümierte) – die meisten mit prächtigen Holzlarven – von Altweil bis zum Rathausplatz ziehen. Hexen, Kobolde und Teufel sind da zu sehen – viele der Gruppen sind aus den verschiedensten Narrenorten, auch aus der Schweiz, hergereist. Eine Woche später, am nachfolgenden Samstagabend, findet man sich dann beim Gasthof Schwanen auf dem Lindenplatz ein zum gemeinsamen Abmarsch zum **Fasnachtsfüür** auf dem Tüllinger Berg, wo die glühenden Holzscheibchen wie seit eh und je wie kleine Sonnenrädchen durch den Nachthimmel fliegen unter dem Ruf **Schibi, Schibo – wo wird mi Schibe ane go?**

Narrenbaumsetzen am Samstag vor dem Schmutzigen Donnerstag um 15 Uhr, Lindenplatz Altweil.

Frauerächt Rätschgosche am Aschermittwoch um 19 Uhr, altes Rathaus.

Hemdglunggi-Umzug am Donnerstag nach Aschermittwoch um 19 Uhr.
Guggenmonsterkonzert am Samstag nach Aschermittwoch, Rathausplatz, ab 14 Uhr bis am Abend.

Buurefasnachts-Umzug am Sonntag nach Aschermittwoch um 13.30 Uhr von Altweil bis zum Rathausplatz.

Fasnachtsfüür: Am Samstagabend, eine Woche nach der Buurefasnacht, Abmarsch um 18.30 Uhr beim Gasthof Schwanen.

www.wiler-zipfel.de

ZELL IM WIESENTAL

Mords-Gaudi am Altwiiberrenne

Witzige, fasnächtliche Ausgelassenheit kann man hautnah in Zell im Wiesental miterleben. Wer sich da einmal köstlich amüsieren will, fährt mit der S-Bahn hin, ganz besonders am Fasnachtsdienstagabend vor Aschermittwoch. Ziel der Reise ist das **Altwiiberrenne**, Höhe- und Schlusspunkt der närrischen Tage im Städtchen. Kommt man gegen sechs Uhr abends an, spürt man förmlich die Stille vor dem Sturm. Ein Teil der Kirchstrasse ist abgesperrt und seltsames Gerät steht mitten auf der Fahrbahn: eine mächtige, hölzerne Wippe, ein Absperrbalken, ein alter Heuwagen und ein imposantes Gatter aus Holzbalken. Im angrenzenden Gasthaus Löwen herrscht bereits Hochbetrieb, während sich am Strassenrand mehr und mehr ein zahlreiches, neugieriges Publikum einfindet. Um 19 Uhr ertönt das Kirchengeläut – Zeichen zum Start des Spektakels. Die **Zeller Schrätteli** stehen auf der ‚Kampfbahn' bereit. Unter ihren Holzlarven, die eine alte Frau darstellen und den an Waldgeister und Hexen mahnenden Gewändern aus Tierfell mit Schnurrock verbergen sich auffallend breite Schultern. Kein Wunder, zu den **Schrätteli** gehören ausschliesslich sportliche junge Männer, und viele davon sind aktive Ringer.

D Zeller Noteknacker – Männer und Frauen in fantasievollen Kostümen – eröffnen mit deftiger Guggenmusik das kommende Spektakel, während sich auf einem Balkon der **Hürus** zeigt, von dem wir noch hören werden. Plötzlich scheint sich ein Schneesturm über die Altstadt zu ergiessen, doch es zeigt sich, dass inzwischen **die Alte Wiiber** eingetroffen sind, vollbepackt mit allerlei Bettzeug, das sie genüsslich aufschlitzen und dabei Schwalle von Gänsefedern in die Luft fliegen lassen, die das Publikum in ein gewaltiges Schneegestöber einhüllen. Ziemlich robust zeigen sich die ‚Damen' in mehr oder weniger eleganten Röcken, mal auch mit Reizwäsche, mit Stöckelschuhen, die durch die Luft fliegen, mit der obligaten Handtasche am Arm, manchmal mit Stock oder gar mit Kinderwagen oder Rollator. Unter den **gümprige Alte Wiiber** verbergen sich auch entsprechend mutige Frauen. Sie setzen zu akrobatischen Sprüngen an, mit Handständen und Purzelbäumen, hechten virtuos über die Hindernisse mit Vor- und Rückwärtssaltos und landen auch mal mit einem **Buuchplätscher** auf der mitgebrachten Matratze oder zeigen eine lebende Pyramide auf dem Leiterwagen. Für dieses ‚Rennen' gibt es keine Anmeldepflicht, somit ist das Publikum natürlich gespannt darauf, wer wohl unter den Maskierten mit den zierlichen Frauenlärvli steckt. Veranstalter des Anlasses ist die Fastnachtsgesellschaft Zell.

Von einem Haus am Strassenrand verfolgt auf einem Balkon der **Hürus** mit seinem Gefolge das wilde Treiben. Ursprünglich war hier Prinz Karneval der Regent der Fasnacht. Mitte der sechziger Jahre des letzten Jahrhunderts suchte man nach einer Leitfigur, die dem lokalen Brauchtum besser entsprach. Der Zeller Heimatdichter Gerhard Jung fand im **Hürus** die passende Leitfigur, die dann 1967 eingeführt wurde. Hürus (auch Harras) bedeutete im Mittelalter soviel wie ‚starker, mächtiger Mann', konnte aber auch ‚wild und ungebärdig' heissen. Der **Hürus** war ‚der Mächtige'. So trugen die Herren von Schönau, die während Jahrhunderten die Grundherren von Zell waren, diesen Beinamen. Der Zeller **Hürus** wie auch die offiziellen Kostüme der Fasnachtsgesellschaft zeigen das Stadtwappen mit den Herrschaftssymbolen der Schönauer mit den drei Ringen und zwei Schwanenhälsen.

Nach dem wilden Spektakel des **Altwiiberrenne** zieht man schliesslich gemeinsam unter den Klängen des nun schleppend gespielten Zeller Fasnachtsliedes im Trauermarsch zur Fasnachtsverbrennung am Bahnhof. Rasch wird die Fasnachtspuppe ein Raub der Flammen, und ein paar letzte Böllerschüsse knallen durch die Nacht.

Hemdglunkiumzug am Schmutzigen Donnerstag 19.30 Uhr.

Grosser Fasnachtsumzug am Fasnachtssonntag vor Aschermittwoch 13.30 Uhr (Treffpunkt Atzenbach) und am Fasnachtsmontag um 14 Uhr (Treffpunkt Wilder Mann).

Altwiiberrenne am Dienstag vor Aschermittwoch 19 Uhr.

www.zeller-fasnacht.de

Waldkirch: Bajasse

WALDKIRCH

Hexensabbat in der Drehorgelstadt

Die Hexen sind los am Samstag vor Aschermittwoch in der hübschen, kleinen Drehorgelstadt Waldkirch unweit von Freiburg im Breisgau, und selbst der Teufel lässt sich an diesem Abend hier blicken!

Der Marktplatz ist abgesperrt, und von den Fensterbänken der umliegenden Häuser verbreiten Windlichter ihren warmen Schimmer. In schwindelnder Höhe ist von einer Hauszeile zur andern quer über den Platz ein Drahtseil gespannt, und bald nach sechs Uhr finden sich die ersten Zuschauer ein. Die Reihen verdichten sich rasch, und aus den Lautsprechern ertönen nun die fröhlichen Narrenmärsche – das zahlreich erschienene Jungvolk **kläpperlet** wie besessen im Takt dazu. Die **Kläpperle** sind längliche Holzbrettchen, die wie Kastagnetten in der Hand liegen und im Takt aneinandergeschlagen werden. Diese Kunst wird hier bis zur Perfektion geübt, und als Anreiz dazu wird jedes Jahr in einem Wettkampf der oder die **Kläpperle-König/in** erkoren.

Um sieben Uhr tönt vom Rathaus her ein schriller Glockenklang, und gleichzeitig biegt die Narrenkapelle in den Platz ein, gefolgt von einem wilden Rudel von fackelbewehrten Hexen. Angeführt werden sie von einem furchterregenden Teufel, der den nachfolgenden Hexentanz unter Heulen und Donnergrollen anzettelt. Aus einem riesigen Feuerkessel lodern helle Flammen auf und Rauchschwaden steigen in die Luft. Die Musik hat sich in der Zwischenzeit beim Marienbrunnen aufgestellt und wirft schrille Töne in die Nacht hinaus, während der Teufel mit dumpfer Stimme den Hexen Anweisungen gibt. Ein eindrücklicher Feuertanz wird aufgeführt, und wenn dann wieder der Narrenmarsch ertönt, **kläpperlet** es aus Hunderten von Kinderhänden dazu.

Der Höhepunkt des Abends kommt in jenem Augenblick, wenn eine dieser Hexen – unter deren Fratzen allerdings ausnahmslos Männer stecken – aus dem Fenster im obersten Stockwerk auf das Seil steigt, sich auf den Feuerbesen schwingt und unter sprühendem Funkenregen über den Köpfen der Zuschauer über den Marktplatz fegt.

Ist der ganze Spuk beendet, so strömt alles in die fasnächtlich dekorierten Lokale zum Essen, zum Tanz oder auch einfach zum Beisammensein. In allen möglichen Verkleidungen, mit und ohne Larve, ziehen jetzt einzelne oder Gruppen von Lokal zu Lokal zum Intrigieren oder **Schnurren**, wie man das hier nennt. Die Gaudi ist natürlich perfekt, denn hier kennt jeder jeden. Besonders genüsslich nehmen sich Quartette von bestandenen Damen als alte Jungfern verkleidet mit blumigen Hüten und rauschenden Röcken das Recht, die Männerwelt ins Wanken zu bringen – und das nicht nur mit Worten!

Die **Kandelhexen** und ihr Hexensabbat sind eine neuere Erscheinung der Waldkircher Fasnet. Aus alten Erzählungen, die vom 1241 Meter hohen Hausberg Kandel als Tummelplatz von Hexen und

Teufeln berichten, hat sich die Narrenzunft **Krakeelia** – gegründet 1864 – inspirieren lassen. 1974 entwarf der Künstler Hans Hoch die Hexenlarve mit dem grinsenden Mund und den vorstehenden Zähnen, die dann vom Elzacher Bildhauer Werner ausgeführt wurde. (Elzach siehe auch S. 74), die ausschliesslich von über achtzehn Jahre alten Männern getragen werden dürfen. Nach Überlieferung alter Waldkircher sollen hier früher als Typen vor allem der Hanswurst – auch **Jokili** genannt – und der **Hemdglunker** heimisch gewesen sein. Das Tragen von Holzlarven wird in einem Gerichtsprotokoll bereits im Jahr 1705 erwähnt. Während der Hanswurst aus der Waldkircher Fasnet fast ganz verschwunden ist, hat die Narrenzunft den ebenfalls lange Zeit vergessenen **Bajass** 1933 wieder eingeführt. Er erhielt 1952 ein neues **Häs** in den

Teufel, Herr der Hexen

Kandelhexen

Stadtfarben blau-gelb; den Kopf bedeckt eine gehörnte Narrenkappe mit Schellen, und an den Füssen trägt er echte Schnabelschuhe.

Die **Bajasse** ziehen am Schmutzigen Donnerstag im **Kläpperle-Zug** mit Hunderten von **Hemdglunkern** durch die Stadt. Zu sehen sind sie auch am Fasnachtssonntag bei der **Bajasstaufe** auf dem Marktplatz, bei dem auch die Zunftorgel zum Zug kommt.

Fasneteröffnung und Hemdglunkerumzug am Schmutzigen Donnerstag um 19.11 Uhr.

Hexensabbat am Samstag vor Aschermittwoch um 19.11 Uhr.

Umzug Krakeelia am Sonntag vor Aschermittwoch um 14.11 Uhr.

Anschliessend um 15.11 Uhr **Bajasstaufe** auf dem Marktplatz.

www.krakeelia.de

Elzach: Schuttig mit Saublase und Streckschere

ELZACH

Wilde Männer, Bärengfrisse, Teufel und Tod

Am Abend des Fasnachtssonntags vor Aschermittwoch gehen im kleinen Fasnachtsstädtchen Elzach, rund 30 km nördlich von Freiburg im Breisgau, um acht Uhr die Lichter aus. Trommelwirbel werden laut – beim Ladhof lodern Flammen auf und hüllen die umliegenden Häuser in gelbroten Feuerschein. Der **Schuttigmarsch** erklingt, und schlagartig fangen die Lichter an zu tanzen. In zwei langen Ketten nähert sich ein Zug von gespenstischen Gestalten in roten Zottengewändern, **Schuttig** genannt, deren charaktervolle Holzmasken im Fackelschein aufleuchten. **Teufel**, **wilde Männer**, **Bärengfrisse** und bleiche **Langnasen** sind zu erkennen, darunter ein hämisch grinsendes **Totegfriss**. Die Saublasen der unheimlichen Horde knallen in dumpfem Rhythmus auf das Strassenpflaster. Langsam drängt sich der geisterhafte Zug durch das Städtchen und kehrt anschliessend zurück zum Bärenplatz. Dort fallen die Fackeln auf einen Haufen. Der schwarze Teufel tanzt wild um das Feuer und stösst seinen Dreizack in die Glut, dass die Funken prasselnd in den Nachthimmel aufsteigen.

Zuschauer und Maskierte strömen nun in die zahlreichen Lokale, die bald bis zum Bersten gefüllt sind, denn jetzt ist die Zeit des ‚zum Narren haltens' angebrochen. Hier zeigen sich auch verkleidete Elzacher Frauen, die in Gruppen von drei oder vier **Maschkele** ihre Opfer in die Mangel nehmen, während die vorwiegend männlichen **Schuttig** nicht nur verbal, sondern öfter auch recht handgreiflich vorgehen, bis die Auserwählten verstrubbelt und verschwitzt auf dem Fussboden landen und jeglichen Widerstand aufgeben. Die Vollmaskierung der **Schuttig** und der **Maschkele** wird streng eingehalten. Hier, wo man sich gegenseitig kennt, hat das nur so seinen Reiz. Viele **Schuttig** besitzen mehrere Larven, um während der ganzen Fasnacht unerkannt bleiben zu können.

Die Eröffnung der tollen Tage findet in Elzach am Fasnachtssonntag bereits zur Mittagsstunde statt, wenn die Horde der **Schuttig** auf die Strasse stürmt und die Zunftmeister in Chaisen durch das Städtle fahren. Um drei Uhr nachmittags setzt sich dann der grosse Zug der **Schuttig** in Bewegung unter Anführung des Teufels. In kühnen Sprüngen bedroht er Bekannte und Fremde unter den Zuschauern. Das riesige Heer der roten Zottelgestalten springt hintennach, schlägt mit den **Soublodere** herum und zwickt das Publikum mit langen Streckscheren. Ihre Anzüge – so nennt man hier das Kostüm – sind leuchtend rot und tausendfach geschuppt, einige zeigen sich im Leinengewand mit grossen schwarzen Punkten. Auf dem Kopf tragen sie einen Dreizack aus Stroh, hergestellt aus alten Hüten, wie man sie bei der Landarbeit trug, und mit einer Unzahl von Schneckenhäusern besetzt. An den drei Enden stecken jene grossen, roten Wollbollen, die man von den Hüten der Gutacher **Maidletracht** kennt. Die Holzmasken haben alle individuelle Gesichtszüge und sind von ausserordentlicher handwerklicher und künstlerischer Qualität, werden sie doch von professionellen Larvenschnitzern hergestellt. Da gibt es **Gfrisse, Langnasen, Lätsche, Fratzen** und **Mundle**, sowie die **Teufels- und Wildmännerlarven**. Das **Bären-** und das **Fuchsgfriss** besteht aus einer unheimlichen Tierschnauze mit geöffnetem Maul und bleckenden Zähnen.

Unter den Holzlarven der **Schuttig** hatten lange Zeit Frauen nichts zu suchen, das gilt noch heute für Fremde, die scheint's unweigerlich daran zu erkennen seien, dass sie nicht schuttiggerecht **brummeln** können, denn das wird hier von Kindsbeinen an geübt.

Eine ganze Anzahl von anderen überlieferten Bräuchen gehört ausserdem zur vielfältigen Elzacher Fasnacht. Am Fasnachtsmontag findet

Bärengfriss, Wildmännerlarven und Langnase

zum Beispiel um fünf Uhr morgens das Taganrufen statt, bei dem eine Art Narrengericht abgehalten wird. An Plätzen und Brunnen macht der Nachtwächter mit den weiss gekleideten Taganrufern halt, und aus einem grossen Narrenbuch werden Skandalgeschichten vom vergangenen Jahr vorgetragen, während die **Schuttig** bei allen Pointen boshaft und schauererregend **brummeln** und mit den Saublasen auf den Boden schlagen. Am Nachmittag um drei Uhr auf der Strasse und abends in den Lokalen werden dann Moritaten dargeboten über all das, was sich das Jahr über im Städtchen ereignet hat.

Auch der Fasnachtsdienstag hat seinen überlieferten Ablauf: Am Morgen findet das **Latscharifangen** statt, bei dem ein honoriger, in der Stadt anwesender Elzacher eingefangen wird, damit er zum neuen Vorstand des Latscharivereins erkoren werden kann, und am Nachmittag gibt es nochmals einen Umzug, ähnlich wie am Sonntag.

Natürlich ist andauernd Betrieb in den Lokalen, bis um Mitternacht vor dem Aschermittwoch die Musik verstummt. Was während der ganzen **Fasnet** hier undenkbar gewesen wäre, wird nun zur Pflicht: ob **Schuttig** oder **Maschkele** – alles demaskiert sich mit dem zwölften Glockenschlag, und wer noch immer unerkannt bleiben will, hat sich ganz einfach vorher aus dem Staub zu machen!

Langnase und Wildmännerlarve

Ausrufen der Fasnet am Sonntag vor Aschermittwoch um 12 Uhr.

Schuttig-Umzug am Sonntag vor Aschermittwoch um 15 Uhr.

Fackelzug der Schuttig am Sonntag vor Aschermittwoch um 19 Uhr.

Schuttig-Umzug am Dienstag vor Aschermittwoch um 15 Uhr.

www.elzach.de

Elzach: Gewühl am Schuttig-Umzug

ZELL AM HARMERSBACH

Tanz aus dem Narrengrab

Zwei Stunden nach der Fasnachtseröffnung in Elzach (S. 74) steigen im rund 30 km weiter nördlich gelegenen Zell am Harmersbach die Narren aus ihrem Grab – und dies im wahrsten Sinne des Wortes. In diesem kleinsten aller ehemaligen Reichsstädtchen, das in herrlicher Schwarzwaldlandschaft liegt, sind ganz besondere Fasnachtsgestalten zu Hause. Der bunte **Bändele-Narro** ist eine hier entstandene Figur, die 1790 erstmals erwähnt wird. Als vor den Toren von Zell eine Papiermühle ihre Tätigkeit aufnahm, kam man auf die Idee, aus den Papierabfällen Streifen zu schneiden und diese auf einen dunklen Anzug und einen Strohhut aufzunähen. Nachdem die Papiermühle in den 1920er-Jahren auch farbiges Papier herstellte,

Schneckehüsli-Narro

wurden auch die **Bändele-Narros** bunt. Ihre ursprüngliche Tuchmaske ersetzte man 1929 durch eine Holzlarve mit freundlich lachendem Gesicht. Merkwürdig altertümlich ist der **Schneggehüsli-Narro**, bis zum Ende der 30er-Jahre kam er nur als Einzelfigur vor.

Dritter im Bund der traditionellen Zeller Fasnachtsgestalten ist der **Spielkarten-Narro**. Er soll erst um 1850 erstmals aufgetreten sein, wie auch der **Welschkorn-Narro**, dessen Kleid aus übereinandergelegten Maiskolbenblättern besteht. Zu seiner Ausstattung gehört wie auch beim **Bändele-Narro** ein **Munifisel** und eine **Saublodere**.

Am Fasnachtssonntag steigen die Zeller Fasnachtsfiguren zu Hunderten aus der Versenkung. Wenn es beim Storchenturm zwei Uhr schlägt, beginnen die Glocken zu dröhnen, die Blasmusik setzt ein, und aus dem ‚Narrengrab' hüpfen jubelnd und tanzend die bunten Gestalten. Das Grab besteht aus einem Verlies mit schwerem ‚Sargdeckel', das durch ein Schlupfloch in der Turmmauer betreten wird. Die fröhlichen, bäurischen Holzgesichter scheinen alle zufrieden zu schmunzeln – der unaufhörlich wiederholte Narrenmarsch versetzt sie in taumelnde Trance. Wenn der Letzte von ihnen aus der Gruft auferstanden ist, schliessen sie sich alle dem grossen Umzug an, der durchs Städtchen zur Wallfahrtskapelle führt.

Am Ende der **Fasend**, wie sie hier genannt wird – in der Nacht zum Aschermittwoch – setzt sich schliesslich zu mitternächtlicher Stunde ein grosser Trauerzug in Bewegung. Auf einer Bahre tragen die Narrenräte den sterbenden Narro durch die Stadt bis zum Storchenturm. Der Zunftmeister verliest eine bewegende Beerdigungs-Ansprache, und unter Weinen und Wehklagen der mehreren hundert Trauergäste wird der Narro in der Gruft versenkt bis zum nächsten Jahr. ‚**S goht wieder dägege!**' ruft man sich tröstend zu, denn die schreckliche, die fasnachtslose Zeit hat wieder begonnen.

Erweckung des Narro aus dem Narrengrab am Fasnachtssonntag vor Aschermittwoch um 14 Uhr, anschliessend **grosser Fasnachts-Umzug**.

Dienstag vor Aschermittwoch **Fasnachts-Umzug** 14 Uhr, **Narro-Beerdigung** 24 Uhr.

www.narrenzunft-zell.de

*Zell am Harmersbach:
Jasskärtler und Bändele-Narro*

NEUENBURG AM RHEIN

Im Zentrum steht das Narrenschiff

Zwar steht das eindrückliche Narrenschiff des Bahlinger Bildhauers Michael Schwarze fest am Boden unweit des Rathauses von Neuenburg am Rhein, aber dank des vielfältigen Wasserspiels im Brunnen erweckt es den Eindruck, auf den Wellen des Rheins dahinzugleiten, und anstelle der Fahne thront auf dem Mast eine witzig spritzende Narrenkappe.

Auch in Basel ist das Narrenschiff aus der Moralsatire des Sebastian Brant immer wieder ein dankbares Objekt der Darstellung an der Fasnacht, sei es als Gefährt, als Requisit oder als Sujet auf einer Laterne. Als ein einziges grosses Schiff voller Narren, so hat vor über 500 Jahren Sebastian Brant in bitterbösen Versen die ganze Welt beschrieben. Das in deutscher Sprache abgefasste Werk liess er 1494 ‚zu Basel uff di Vasenaht, die man die Narrenkirchwich nennt' drucken, und es wurde zum grössten Bucherfolg vor der Reformation. Damals konnten zwar viele seiner Zeitgenossen weder lesen noch schreiben, doch das Werk war mit eindrücklichen Holzschnitten – ein Teil davon vermutlich vom jungen Albrecht Dürer – bebildert.

Der Rechtsprofessor Brant aus Strassburg, der an der Basler Universität lehrte, war nach jahrelanger Tätigkeit als Richter zur klaren Erkenntnis gelangt, der Mensch sei, objektiv betrachtet, ein Narr. Hundertzwölf menschliche Narreteien hat der beflissene Moralist mit aufgehobenem Zeigefinger angeprangert, und vieles davon kommt einem noch heute mehr als bekannt vor: Ratsherren, die nichts von Politik verstehen, Narren der Ärztekunst, habsüchtige Advokaten, Eltern, die ihren Kindern alles erlauben, Abergläubige, Geizhälse und natürlich auch Fasnachtsnarren. Rachsüchtig lässt er sie alle in sein Narrenschiff steigen und mit vollen Segeln zur Hölle fahren. Und schliesslich bezeichnet er auch sich selbst humorvoll als ‚Narr Sebastianus Brant'.

Die Fasnachtsstädte Basel und Neuenburg am Rhein verbindet aber noch eine weitere historische Episode, die einen reizvollen Einblick gibt in die Fasnachtsbräuche des 16. Jahrhunderts. Der Basler Stadtarzt Felix Platter (1536-1614) schreibt in seinem Tagebuch, dass er als Zehnjähriger mit seinen beiden Schulfreunden Sigmund von Andlau (dessen Mutter Eva eine geborene von Pfirt war) und dem Kleinbasler Stadtsöldnersohn Balthasar Hummel in einem Nachen 30 Kilometer den Rhein hinunter fuhr, um zur Fasnachtszeit zu Andlaus Eltern nach Neuenburg am Rhein zu gelangen. Die drei Jungen nutzten dort die Narrenfreiheit, um die ‚pfaffen' zu necken, die sie auf der Strasse trafen, genossen die Fasnachtsküchlein und -tänze und ergötzten sich über die als Frauen verkleideten Männer. Auch Felix Platter wurde in Frauenkleider gesteckt: ‚Sie satzten mir ein guldene huben uf, die mir wohl anstundt, wie sy sagten'. Er sollte mit den Andlauer Mädchen bei einem Nachbarn ‚fasnacht kiechlin' holen. Die Mädchen gaben ihn dabei als ihr Bäschen aus, ‚bis man anfieng zu dantzen, do muest ich mich zekennen geben', hält er in seinem Tagebuch fest.

Siebenundzwanzig Wirtschaften soll es in der kleinen Stadt gegeben haben, eingerechnet die zahlreichen Schenken der Neuenburger Zünfte, und der Fasnachtsgeist lebte hoch. So heisst es aus dem Jahr 1608, dass hier auch ‚am Aschermittwoch und zu ungeeigneten Zeiten Tänze abgehalten und unschickliche Thaten begangen' wurden. Trotz der alten Fasnachtstradition sind in Neuenburg am Rhein allerdings keine besonderen alten Fasnachtsbräuche und Narrenfiguren überliefert. Das hängt mit der tragischen Geschichte der Stadt zusammen, die im Verlauf der Jahrhunderte mehrmals total zerstört wurde.

Vor der Gründung der ersten Narrenzunft 1927 waren es die Männer-Gesangvereine, die die Fasnachtsveranstaltungen organisierten. Jetzt gab es neu einen aus elf Männern bestehenden Elferrat, der ‚ein gediegenes närrisches Treiben' anordnete, ‚von dem alles Unwürdige und Anstössige ferngehalten werden muss'. 1937 fand in Freiburg i. Br. die Gründung des Verbandes Oberrheinischer Narrenzünfte (VON) statt, und der angegliederte Neuenburger Elferrat wurde nun umbenannt zur Narrenzunft **D'Rhiischnooge**, zu der längst auch Frauen gehören. Der närrische Gruss der Maskierten heisst seither ‚**Schnoog-Schnoog**', der Dankesgruss dagegen ‚**Quak-Quak**'. Gelb und schwarz sind die Zunftfarben in Erinnerung an die jahrhundertelange Zugehörigkeit der Stadt zum Hause Habsburg von 1331-1806. 1964 kreierte man auf Initiative des damaligen, unermüdlich engagierten Zunftkanzlers Winfried Studer den **Rhiischnoog,** die Narrenfigur mit Holzmaske vom berühmten Elzacher Schnitzer Josef Tränkle (S. 74).

Am **Schmutzige Dunnschtig** wird hier die sechstägige Narrenfreiheit proklamiert. Beim Eindunkeln ziehen die Hemdglunker mit bunten Lampions durch die Stadt, während der **Hisgir** in seinem Bett auf einem Wagen mitfährt. Viermal macht er Halt, springt hoch und ruft die Fasnacht aus mit einem altüberlieferten Spruch. Den Namen hat man ihm in Anlehnung an die früher am Mittfastensonntag in Vögisheim umgehende Strohgestalt gegeben.

Am grossen Umzug am Fasnachtssonntag begegnet man nicht nur den vielen in den letzten dreissig Jahren entstandenen Neuenburger Narrencliquen – es beteiligen sich auch Gruppen aus Frankreich und der Schweiz, und zwischendurch fegt immer wieder die zottige **Rhiiwaldhexe** als Einzelfigur mit ihrem Besen durch die Strassen der Stadt. Das Ende kommt schliesslich am Fasnachtsdienstag, wenn unter grossem Wehklagen die Fasnacht auf dem Rathausplatz verbrannt wird und viele Maskierte mutig durchs Feuer springen.

Hemdglunker-Umzug am Schmutzigen Donnerstag um 19.11 Uhr.

Fasnachts-Umzug am Sonntag vor Aschermittwoch um 14.11 Uhr.

Fasnachtsverbrennung auf dem Rathausplatz am Dienstag vor Aschermittwoch um 22.11 Uhr.

www.narrenzunft-neuenburg.de

Rottweil:
Gschell und Fransenkleidle am Narrensprung

ROTTWEIL

Ein barockes Schauspiel: der Narrensprung

Überwältigt, ja hingerissen steht man in der Menge am Strassenrand, wenn der Rottweiler Narrensprung wie eine Naturgewalt von der Stadt Besitz ergreift. Am Montag und Dienstag vor Aschermittwoch rumort es frühmorgens schon vor dem Schwarzen Tor am oberen Eingang der Stadt, die von hier steil ins Neckartal abfällt, und auch am Dienstagnachmittag wiederholt sich der Spuk. An die viertausend Narren besammeln sich und ziehen Schlag acht Uhr – am Dienstagnachmittag zudem um 14 Uhr – in die Stadt ein. Die barocken Bürgerhäuser mit ihren kunstvollen Erkern bilden die stimmungsvolle Kulisse zu diesem einzigartigen Schauspiel, das gleichzeitig auch die Ohren erfüllt vom vieltausendfältigen Klang der Schellen und dem Peitschengeknall der **Rössletreiber**, untermalt vom fortwährend gespielten Narrenmarsch.

Der Anblick dieses barocken Haufens – jede Gestalt in kostbarem Gewand und mit edler Holzlarve vermummt – lässt eine Traumwelt erstehen, in der die Zeit stillzustehen scheint. Wie ein Blick in die Vergangenheit mutet der unheimliche Spuk an; tatsächlich hat manches dieser stoisch dreinblickenden Holzgesichter schon Generationen überlebt. Es gibt darunter Familienstücke, die über zweihundert Jahre alt sind. Das will allerdings nicht heissen, dass die Fasnacht damals auch so ausgesehen hat wie heute.

Über Jahrhunderte mussten die Rottweiler ihre **Fasnet** gegen Verbote verteidigen. Die Stadt war übrigens seit 1463 zugewandter Ort zur Eidgenossenschaft bis zur Reformation.

Für die Zeit um 1560 heisst es in der Zimmerischen Chronik, dass es hier grosse und herrliche Fasnachten gab mit Turnieren. Später ist von Fasnachtsspielen ‚Umbzüg und Trummenspiel' die Rede, und es waren dann im 17. Jahrhundert die Handwerkerzünfte, die sich an den Umzügen hervortaten. Sogar während des Dreissigjährigen Krieges, als die Stadt in unmittelbarer Gefahr stand, konnten die Rottweiler trotz Verboten das Narrenlaufen – ihre höchsten **Feiertäg** – nicht lassen.

An der Spitze des Narrensprungs geht heute der **Narrenengel** mit der Zunfttafel voraus. Sein rot/weisses Gewand weist auf die alten Reichsfarben hin. Die heute geltenden Stadtfarben gelb/schwarz, abgeleitet aus dem Adlerwappen, finden sich in der riesigen Menge der grossen und kleinen Bajasse wieder, die mit einem **Till Eulenspiegel** dem Narrensprung vorausgehen. Der mitgeführte **Lange Mann** ragt unter ihnen turmhoch über die Köpfe hinaus. Ihnen folgen zwei **Brieler Rössle** (von Männern getragene **Junterössli**, wie man sie in Basel nennt), die von ihren Treibern mit hartem Peitschengeknall in Trab gehalten werden.

Federehannes und Gschell am Narrensprung

Im 18. Jahrhundert war die Vermummung ‚in Teuffels- oder sonst abscheulichen Kleidern' verboten. Wahrscheinlich waren das die Vorgänger des heutigen **Federehannes**, der markantesten Rottweiler Fasnachtsgestalt. Sein grimmiges Holzgesicht mit dem aufgerollten Kinn und den aus Mundwinkeln herausragenden Hauern steht in der schwäbisch-alemannischen Maskenlandschaft einzig da. Mit unzähligen Gänsefedern ist sein Gewand übersät, und sein Mantel ist immer gelb gefüttert. Mit einem langen Stab vollführt er wilde Sprünge, und das an dessen Ende befestigte, aufdringlich parfümierte Kälberschwänzchen streckt er mit Vorliebe jungen Damen ins Gesicht.

Vorherrschend im Gewühl der Masken aber sind die weissen **Gschellnarren**, die ihre bis zu fünfzig Pfund schweren Rollen an Lederriemen kreuzweise über der Brust tragen. Sie gucken mit ihren **Glattlärvle** und den fröhlich ins Gesicht baumelnden Fuchsschwänzchen freundlich erhaben auf die Zuschauer. Ihr weissleinenes Kleid ist mit historischen Renaissance-Figuren, Türken oder Trachtengestalten kunstvoll bemalt und mit Ranken verziert. Am Handgelenk tragen sie die lederne Narrenwurst, und die schöne Dose mit den Süssigkeiten zum Auswerfen darf

Federehannes im Sprung

ebenfalls nicht fehlen.

Eine wohl erst im späten 18. Jahrhundert entstandene Abart des **Gschell** ist das sogenannte **Biss** im gleichen Gewand, jedoch mit gefurchtem, grimmigem Männergesicht. Auch das **Fransenkleidle**, ein gern von Frauen getragenes **Häs** (Narrenkleid), scheint aus der Zeit des Rokoko hervorgegangen zu sein. Der **Schantle** mit bäurischem Gesicht, in besticktem Mantel und mit Schirm verkörperte früher in ärmlichem Gewand mit Besen und Sauglocke den Tölpel vom Land.

Als kurioser Einzelgänger stolziert im Narrensprung auch **Schiermeiers Guller** mit. Er reitet auf einem riesigen Gockel und kitzelt mit seinen Schwanzfedern die Zuschauer im Gesicht, wenn er sich dreht. Auch er ist eine überlieferte Figur. Interessanterweise finden wir sie auf einem Gebäckmodel aus dem 18. Jahrhundert im Basler Historischen Museum, dargestellt zusammen mit Vogel Gryff, Wild Ma und Leu.

Das Aussehen der **Narrenkleidle** ist hier streng geregelt. Zur Herstellung gibt die Zunft Vorlagen ab und vergibt nach der Prüfung die Plakette ‚Original Rottweiler Narrenkleid'.

Wenn nach Stunden der letzte Narr durchs Tor gesprungen ist und der Narrenmarsch verstummt, so verweilt man gerne noch auf den Gassen, wo die **Narren** und **Schantle** jetzt ans Aufsagen gehen. Wer mit der Narrenwurst einen Schlag auf die Schulter erhält, wird nun gründlich ausgenommen. Mit hoher Fistelstimme wird er oder sie intrigiert, oder es wird aus dem **Narrenbuch** ein passender Abschnitt erklärt. Ist der Spruch beendet, wird ein triumphierendes ‚**Hu-hu-hu-huu**' ausgerufen, und der Gehänselte darf etwas aus der Pralinenschachtel naschen. Kinder und Grosse rufen den Narren Sprüche zu, immer dieselben, wie beispielsweise das rätselvolle ‚**Narro, Narro, siebe Sih, siebe Sih sinn Narro gsi**', und dann werden Süssigkeiten und Gebäck ausgeworfen. Am Abend aber verschwinden die Maskieren frühzeitig, denn nach dem Betzeitläuten lungert man hier nicht im **Häs** herum. Auch die Fasnacht hat ihre Gesetze.

Narrensprung am Fasnachtsmontag vor Aschermittwoch um 8.00 Uhr und am

Fasnachtsdienstag vor Aschermittwoch um 8.00 und um 14.00 Uhr.

www.rottweil.de

S. 92/93 Schiermeiers Guller am Narrensprung

VILLINGEN

Maschgerelauf mit Narro, Butzesel und Wuescht

'Villinge isch e Narrestadt' heisst der Refrain eines Liedes von Franz Kornwachs, das hier an der **Fasnet** bei jeder Gelegenheit gesungen wird. Tatsächlich ist die Stadt am östlichen Rand des Schwarzwaldes eine Hochburg der alemannischen Fasnacht, wo das Maskentreiben und **Strählen** in den Lokalen besonders ausgiebig bis in alle Nacht hinein betrieben wird. Seit dem 15. Jahrhundert ist das bei der Obrigkeit verpönte und wohl auch gefürchtete **Mascarade laufen** immer wieder verboten worden – ohne Erfolg, wie man sieht. Mancher Villinger hat für das verbotene Vergnügen im Käfig gesessen oder Rutenstreiche eingefangen. Als nach dem Zusammenbruch der Badischen Revolution von 1848 die preussische Besatzungsmacht abermals die Fasnacht verbot, erbaten sich die Villinger das Recht, wenigstens im **Häs** zum Fenster hinaussehen zu dürfen, um die Vorbeigehenden aufs Korn nehmen zu können. Ein Anwohner namens Seemann an der Bickenstrasse soll dabei auf die Idee gekommen sein, sich einfach einen Fensterrahmen umzuhängen, um damit ohne Übertretung der Vorschrift kostümiert auf die Strasse gehen zu können.

Hauptfigur der Villinger **Fasnet** ist der **Narro** mit der glatt geschnitzten, feinsinnigen Holzlarve, die hier **Schemme** heisst. Zwar nehmen die Rottweiler in Anspruch, die Erfinder dieses **Gschellnarren** zu sein, in

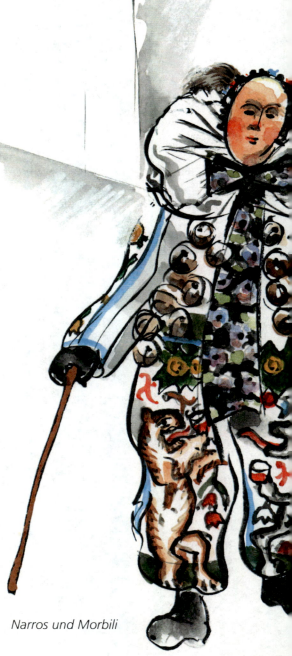

Narros und Morbili

Villingen glaubt man jedoch, dass er aus dem Mutterland Österreich – Villingen war bis 1803 habsburgisch – übernommen wurde. Andererseits zeigt sein Kleid auch Parallelen zur Gewandung italienischer Komödianten, die häufig auf der Baar gastierten. Sicher ist, dass die Figur des **Narro** in der Barockzeit ihre Ausbildung gefunden und durch begabte Maskenschnitzer und **Häsmaler** bis heute ihre edle Form bewahrt hat. Kein **Narrohäs** darf sich hier vom anderen unterscheiden: über die Einhaltung der Formen wacht die Zunft.

Das weisse Leinenkleid ist vorne mit Hase und Fuchs und an den Beinen mit Bär und Löwe bemalt, die in ihren Pranken halbgefüllte Weingläser und als Symbol des kommenden Frühlings eine Tulpe halten. Auf der Rückseite wird mit **Hansel und Gretle** auf das Hänseln und Necken angespielt, und der Fuchsschwanz an der Kappe zeugt vom mittelalterlichen Symbol der Redefreiheit, wie es damals die Hofnarren trugen. An vier Lederriemen trägt der Narro sein reich verziertes, wundervoll klingendes Geschell mit apfelgrossen Bronzerollen über Brust und Rücken gekreuzt – es kann bis zu fünfzig Pfund wiegen. Für das Fälteln der weissen Halskrause aus einem über zehn Meter langen Leinentuch hat man in Villingen eigens eine Plissiermaschine entwickelt, gilt es doch alljährlich, Hunderte solcher Kragen aufzufrischen und neu herzustellen. Im gleichen Gewand erscheint auch der **Surhebel** auf der Szene, seine Holzlarve zeigt jedoch eher mürrische Züge, die oft alten Villinger Originalen nachgebildet ist.

Am eindrücklichsten kommen die barocken Gestalten zur Geltung, wenn am Fasnachtsmontag vor dem Aschermittwoch die Narrozunft ihren Umzug abhält. Zwar sorgen die Katzenmusik und die Glonki-Gilde schon um sechs Uhr früh für Radau in den Gassen, aber wenn dann um neun Uhr der Narrenmarsch erklingt und die **Hansele** mit den **Gretles** – den Alt-Villingerinnen in Tracht – und die **Surhebel** mit den **Morbilis,** den alten Weiblein, mit einer Horde von kleinen und kleinsten **Narros** vom Niederen Tor her einziehen, vibriert die Luft vom Dröhnen der Schellen und ein Hauch wie aus alter Zeit weht durch die Stadt.

Störrisch und eigensinnig galoppiert der **Butzesel** daher. Er trägt ein buntes **Blätzlehäs** mit einem Eselskopf aus Papiermaché und reitet auf einem riesigen Tannenast. Gelingt es ihm, sich von seinen Treibern, den **Stachis**, loszureissen und in einem Lokal zu verschwinden, so müssen die Hüter die Zeche bezahlen. Mit Vorliebe räumt der Esel auch ganze Wurstketten in den Metzgereien ab und hängt sie als Trophäen um seine langen Ohren zur Freude der Zuschauer, die ihrerseits Jagd darauf machen. Doch dann rücken die Unheimlichen am Ende des Umzugs an, die legendären **Wuescht**. Sie stecken in alten, verblichenen Narrokleidern, die so dick mit Stroh gestopft sind, dass sie sich nur breitbeinig und mit Mühe vorwärts bewegen können. Auf dem Rücken tragen sie ein zusammengeschustertes Brett, an dem alte Puppen und sonstiger Trödel hängt, und anstelle des Säbels halten sie einen abgeschrubbten Besen in die Luft. Der **Wuescht** soll den Winter darstellen, den es zu vertreiben gilt. Seit jeher werden die Wüstlinge daher mit Schneebällen und Tannzapfen beworfen. Früher wurden sie gar mit Steinen zur Stadt hinausgetrieben, während sie heute ihr Stroh in der Nacht vor dem Aschermittwoch um 24 Uhr aus den Kleidern reissen und verbrennen. Die rauen Gesellen treiben während der **Fasnet** gern ihr Unwesen in den Lokalen und geben dabei derbe Sprüche zum Besten. Die Gäste wiederum erhalten dann ein **Sträusschen** verehrt, das, weil aus Stroh und meist unters Hemd gesteckt, seine Wirkung nicht verfehlt.

Butzesel mit erbeuteten Würsten

Noch einmal, am Montagnachmittag um zwei Uhr, versammeln sich die **Narros** – diesmal vor dem Oberen Tor. Wen die Beine noch tragen, der macht jetzt mit. So stecken oft noch sehr alte Leute unter den Masken. Zum **Maschgerelauf** kommen aber auch unzählige Zuschauer von überall her. Die Stimmung steigt auf den Höhepunkt, wenn die riesige Menge der Maskierten durchs Tor drängt und mit jubelndem Glockenklang die Stadt in einen wahren Taumel versetzt.

Wueschte im strohgestopften Narrohäs

Wenn alles vorüber ist, ist noch lange nicht Schluss. Jetzt wird in den Lokalen lustvoll **gehechelt** und geistreich **gestrählt.** Nach jeder Pointe vollführt der **Narro** einen Hüpfer, der die Schellen erklingen lässt. Abends kann man auch die beissenden Verse der Bänkelsänger und den Auftritt der **Alten Jungfere** in ihren prächtigen Roben mit romantischen Hüten geniessen. Sie geben Kostproben aus der **Wieberfasnet** am **Alt-Jungfere-Obed**, die 1927 von der Villinger Damenwelt ins Leben gerufen wurde, als die Fasnacht noch reine Männersache war und auch unter den weiblichen **Schemmen** nur Männer stecken durften.

Natürlich gibt es noch eine grosse Zahl anderer Gesellschaften und Ereignisse an der Villinger **Fasnet** – Symbolfigur ist und bleibt aber der **Narro** mit seinem vornehmen Wesen, seinem hölzernen Schwert und dem fröhlich klingenden **Gschell**.

Historischer Umzug der Narrozunft am Montag vor Aschermittwoch um 9.00 Uhr.

Historischer Maschgerelauf am Montag vor Aschermittwoch um 14.15 Uhr.

Grosser Umzug der Zuggesellschaft am Dienstag vor Aschermittwoch um 13.30 Uhr.

Schlüsselrückgabe und Strohverbrennen der Wuescht am Dienstag vor Aschermittwoch um 24.00 Uhr beim Rathaus.

www.narrozunft.de
www.villingerfasnet.de

SCHRAMBERG

Brezelsegen und Bach-na-Fahrt

Tausende von Zuschauern aus nah und fern finden sich alljährlich zur Fasnachtszeit in der kleinen Uhrmacherstadt an der Schiltach ein. Hier war die weltweit grösste Uhrenfabrik beheimatet, und noch heute hat der Name Junghans eine hervorragende Bedeutung in der Uhrenwelt. Man kommt zum Hanselsprung mit Brezelsegen am Sonntag und Dienstag vor Aschermittwoch, wobei rund 30'000 Brezel verschenkt werden. Ganz besonders gross ist der Zulauf aber am Montag, wenn das grosse Spektakel des Bach-na-Fahrens stattfindet.

Am Fasnachtssonntag ist es vorerst verdächtig ruhig in der Stadt, doch es handelt sich um die berühmte Stille vor dem Sturm. Gegen zwei Uhr beginnt sich die Hauptstrasse mit Schaulustigen zu füllen. Es wird halb drei Uhr, bis die Stadtmusik den Schramberger Narrenmarsch anstimmt und die gegen tausend **Hansel**, **Brueli** und **Narros**, von einem Bein aufs andere hüpfend, ihre schweren Schellen erklingen lassen. Dazwischen drängen sich die Gruppen der **Bach-na-Fahrer** in blauem Hemd mit schwarzer Zipfelmütze. Nach dem bedächtigen Rhythmus des Narrenmarsches zieht die riesige Schar mit den prachtvollen Holzlarven rund um die Stadt. Der Zug endet beim Rathaus, und die **Hansel** stürmen hinein. Drinnen stehen reihenweise gestapelte Kisten voll von duftenden Brezeln. Die Narren stecken sie auf ihre mitgebrachten Stangen und eilen auf den Rathausplatz zurück. Wer jetzt eine Brezel ergattern will, muss hüpfend einen Vers aufsagen – das überlieferte Sprüchlein von der ‚hoorigen Katz' wird tausendfach wiederholt. Zur fortwährenden Musik des Narrenmarsches wird in der brodelnden Menge gehüpft und geschrien, und das Glockengeschell der Narren ist ohrenbetäubend. Der Taumel ergreift den hintersten Zuschauer, bis nach Stunden die Brezelberge abgetragen und die Maskierten der Erschöpfung nahe sind. Nach dem Betzeitläuten müssen die Hansel ohnehin ihr **Häs** mit Geschell ablegen.

Der **Hansel** mit seinem weissleinenen, kunstvoll bemalten Gewand – die Sonnenuhr auf seinem Allerwertesten erinnert an die heimische Uhrenindustrie – ist hier Ende der 20er-Jahre geschaffen worden. Auf der Joppe aus Leinen sind Hase und Fuchs, auf der Hose vorne Löwe und Bär und auf der Rückseite Hans und Gretel zu sehen. Den Rücken ziert das Schramberger Stadtwappen. Erst später – nach dem Zweiten Weltkrieg – erschienen der **Brueli** mit seinem traurigen Holzgesicht und tränenden Augen und der Schramberger **Narro** mit seinen Hörnern auf dem Kopf. Auf eine korrekte Kleiderordnung wird hier immer geachtet: ohne weisse Socken der **Hansel** und rote Unterhosen beim **Brüele** geht hier nichts, wie jedenfalls im **Zunftblättle 2015** nachzulesen ist!

Den Höhepunkt der Schramberger **Fasnet** bildet das 1936 erstmals durchgeführte **Bach-na-Fahren** am Montagnachmittag. Die Attraktion liegt darin, dass die abenteuerlichen Fahrten in den rund vierzig fantasievoll ausgebauten Holzzubern öfters unfreiwillig in den kalten Fluten der Schiltach enden, bevor sie am Ziel bei der St. Maria Kirche ankommen. Selten kommt es vor, dass die Fahrt auf den eisigen Wogen wegen Hochwassers abgesagt werden muss. Zum Trost führen dann die tapferen Schiltach-Kapitäne und Kapitäninnen ihre spektakulären Gefährte im grossen Umzug mit.

Hanselsprung mit Brezelsegen am Sonntag vor Aschermittwoch um 14.30 Uhr.

Bach-na-Fahren am Montag vor Aschermittwoch um 13 Uhr, anschliessend traditioneller närrischer Umzug um 14.30 Uhr.

Hanselsprung mit Brezelsegen am Dienstag vor Aschermittwoch um 16 Uhr.

www.narrenzunft-schramberg.de

BUCHENBACH

Funkenfeuer und Feuerrad

Am **Funggesunndig** (Sonntag nach Aschermittwoch) lodern auf den Anhöhen vieler Orte der Dreiländerregion die traditionellen Fasnachtsfeuer – die ursprünglich kultische Seite des Anlasses ist jedoch weitgehend in Vergessenheit geraten. Das ist anders in Buchenbach bei Kirchzarten, wo der Brauch seinen religiösen Gehalt bis heute bewahrt hat. Das Feuer wird hier, wie auch an einzelnen anderen Orten, bereits am Samstagabend entzündet.

Nach dem Abendläuten der Dorfkirche zieht die Bevölkerung in Scharen hinauf auf den **Schibebuck**, den kleinen Hügel mit der Marienkapelle, der früher Winterberg hiess. Seit 1889 der Kreuzweg und später die Kapelle errichtet wurden, nennt man ihn jetzt auch Kreuzberg.

Auf der Anhöhe entfachen **d Schibebuebe**, die jungen Männer des Dorfs, frühzeitig das Vorfeuer. Sie tragen Hüte und rote Halstücher und Scheibenkränze um den Nacken, nehmen in die rechte Hand eine brennende Fackel und in die linke den **Schibestock**, einen Haselstecken mit der aufgesteckten, quadratischen Buchenholzscheibe. So schreiten sie hintereinander in die Bergkapelle, um das Glaubensbekenntnis zu sprechen und der Verstorbenen zu gedenken. Anschliessend umrunden sie mit ihren Fackeln betend den mächtigen Holzstoss, worauf hoch oben eine Strohpuppe hängt und setzen ihn in Brand. Der von den Burschen gewählte **Schibevatter** widmet dann die erste, eine ‚kalte' Scheibe der Heiligen Dreifaltigkeit:

‚Schibii, Schibo! Wem soll die Schibe sii? **Die Schib soll de heiligschde Dreifaldigkeit sii!**'. Inzwischen haben die anderen ihre Scheiben so lange ins Feuer gehalten, bis die dünnen Ränder glühen. Mit grossem Geschick schlagen sie die glühenden Rädchen über den Scheibenbock, und funkenstiebend schwirren sie in weitem Bogen in die Nacht hinaus. Alle Einwohnerinnen und Einwohner des Dorfs werden dabei mit einer Scheibe und einem persönlichen, manchmal auch spöttischen Spruch bedacht: der Bürgermeister, der Lehrer, ganze Familien und natürlich die jungen Mädchen des Dorfs. Nicht vergessen werden die zahlreichen Gemeinschaften, von der Winzergenossenschaft bis zur Trachtengruppe, aber auch die Arbeitskollegen und Freunde. Schliesslich werden auch alle anderen Anwesenden beglückt und sogar diejenigen, ‚die von weit her angereist sind'. Zu allerletzt folgt noch eine Scheibe an alle ‚**die keine kriegt hen**'. Und dann kommt der Höhepunkt des Abends: das mächtige, mit Stroh umwickelte Feuerrad wird mit Benzin übergossen und angezündet. Wie eine strahlende Sonne saust es hinunter in die Tiefe und andächtig schaut die Menge der Zuschauer der entschwindenden Lichtgestalt nach.

Die älteste Nachricht über das Scheibenschlagen stammt aus dem Kloster Lorsch bei Worms, das am 21. März 1090 durch eine glühende Feuerscheibe in Brand geriet und völlig zerstört wurde. Im Baselbiet gehört Benken zu jenen Orten, die ausdauernd an diesem Brauch festgehalten haben (S. 46). Aber auch in den früher noch weniger dicht besiedelten Städten war der Brauch lange Zeit üblich. So soll es zum Beispiel im alten Basel immer wieder Fasnachtsfeuer mit Fackelläufen und Scheibenschlagen auf der Pfalz beim Münster gegeben haben.

Funkenfeuer mit Feuerrad am Samstag nach Aschermittwoch ab 19 Uhr.

www.dreisamportal.de/Buchenbach

KARSAU

Der Miesme: Frühjahrsbote in Stroh

Sonderbare Strohgestalten gehen, wie im Sundgau (S. 118 / S. 122) auch im Markgräfler Land um am Mittfastensonntag (Sonntag Laetare, drei Wochen vor Ostern). In Karsau oberhalb von Badisch-Rheinfelden kann man nach dem morgendlichen Gottesdienst dem imposanten, rund drei Meter hohen **Miesme** begegnen. Trotz seines männlichen Namens (**Miesme** = Moosmann) trägt er einen riesigen Rock aus Stroh. Sein Oberkörper ist in Buchsbaum gebunden, und auf dem hohen Gestell thront ein hölzerner Kopf mit Hörnerhaube und dem weissen **Fürtuch** (Schultertuch) der alten Markgräfler Frauentracht. Für den Träger wurde im Strohgewand ein Sehschlitz offen gelassen.

An einem Strohseil wird der eigentümliche Frühjahrsbote durchs Dorf geleitet von jungen Männern mit langen, bebänderten Erlen- Eschen- oder Haselruten, während sein Anführer andauernd eine kleine Viehglocke läuten lässt. Zwei der jungen Begleiterinnen – früher waren nur Männer dabei – tragen einen grossen Korb mit sich. Vor den Häusern rufen alle ihren überlieferten Heischespruch aus, der mit der Drohung endet: '**Un bschauet er euse Miesme nit, so erläbet ihr au dr heilige Oschderdaag nit!**'. So gibt man ihnen gerne Eier oder Geld. Für den Fall, dass die Gabe einmal ausfallen sollte, haben sie den traditionellen Rügevers in petto: '**Chügeli, Chügeli übers Huus – schlaa däm gidsige Wib s'Ei zum Füdle us!**'

Am Nachmittag führt der Umgang durch Beuggen und Riedmatt und endet schliesslich auf der **Burstel**, jener Anhöhe, auf der im 13. Jahrhundert die Burg des Ritters Mangold von Burckheim (Beuggen) gestanden haben soll. Dort wird der **Miesme** verbrannt

Miesme mit Begleittross

und das gesammelte Geld aufgeteilt. Mit den Eiern gibt es später einen **Eierdätsch** und es wird ein fröhliches Fest gefeiert.

Miesme-Umgang am Mittfastensonntag, drei Wochen vor Ostern: in **Karsau** am späteren Vormittag, in **Beuggen** und **Riedmatt** am Nachmittag.

www.rheinfelden.de

Elsass

RIESPACH

Bunte Narre Obe: Vorfasnacht vom Feinsten

Im Sundgau zwischen Ferrette und Altkirch, etwa 20 km von Basel entfernt, liegt das kleine, beschauliche Dorf Riespach mit seinen rund 700 Einwohnern. Wer daran vorbei fährt ahnt nicht, dass sich hier eine unglaubliche Fasnachts-Hochburg verbirgt. Spektakulär ist nicht nur die **Cavalcade**, die am zweiten Sonntag nach Aschermittwoch hier abgeht. Furore macht vor allem in der ganzen Region der **Bunte Narre Obe**, der den inzwischen vergrösserten Saal des **Foyer Saint Michel** an sechs Abenden und einem Sonntagnachmittag vor Aschermittwoch bis zum Bersten füllt. Ein Team von rund fünfzig ehrenamtlich Tätigen bringt das Spektakel gemeinsam auf die Bühne mit eigenen Texten, Kostümen, Dekoration und Technik. Und nach Aschermittwoch kommen noch fünf Maskenbälle dazu.

Weit im Voraus werden die Eintrittskarten schon reserviert, denn rasch ist alles ausverkauft. Es ist die über 100 Jahre alte Association Sportive et Culturelle, die mit einer Gruppe ihrer Batterie-Fanfare und dem zugehörigen Elsässer Theater im Jahr 1993 dieses **Cabaret carnavalesque** ins Leben gerufen hat und selbst überrascht wurde vom grossen Erfolg.

An jedem Platz der weiss gedeckten Tische liegt zu Beginn der Vorstellung eine bunte Kappe aus Pappkarton bereit: mitmachen und mitsingen ist hier angesagt. Für Stimmung sorgt die Blasmusik ‚d Kropfjaeckel Kappale (Kropfjaeckel heisst der Spitzame der Riespacher), und dann heisst es: ‚Hietli uffsetze!' Vom Lied ‚**Hans im Schnockeloch**' über eine französische Elsass-Hymne bis zu Schlagern wie ‚**Am Rosenmontag bin ich geboren**' reicht das Repertoire. Ein Feuerwerk satirischer Sketches aus Dorf-, Lokal- und internationaler Politik amüsiert das Publikum und lässt es zwischendurch auch aufhorchen.

D Rätschwyber und **dr Facteur** sitzen nicht aufs Maul und bringen die aktuellsten Neuigkeiten aufs Tapet. Natürlich zeigt sich der unverzichtbare Elsässer Storch auf der Bühne, und im Wald werden auch die Jäger aus der Schweiz aufs Korn genommen. Wenn die Pilzsammler vor radioaktiven **Schwümm** im Hinblick auf das Atomkraftwerk Fessenheim warnen, wird es auch mal still im Saal.

Klar, ist auch der grenzüberschreitende Bus, der neuerdings am Wochenende von der Station des Basler Trams in Leymen durch den Sundgau nach Ferrette fährt, ein dankbares Regio-Thema. Es fehlt auch nicht der traditionelle Schnitzelbank, und ab und zu darf mal geschunkelt werden. Grossen Applaus heimst immer wieder auch das hauseigene Ballett ein mit seinen anmutigen Tanzszenen von frivol bis burschikos.

Und dann kommt die bange Frage, was wird aus dem Elsass, wenn es, wie 2015 von Paris verordnet, in die Grossregion ‚Alsace, Lorraine, Champagne-Ardennes' eingefügt und womöglich an den Rand gedrängt wird? ‚**Drey Regione im glyche Eimer – worum nit mit der Hauptstadt Basel?**' ist da die schlagfertige Antwort im **Narre Obe vo**

Riespach. Es geht zwar die leise Angst um über den Verlust der eigenen Identität und der elsässischen Sprache. Aber die unzähligen Elsässer Theater im Land werden mit Sicherheit für Gegenwehr sorgen.

Bunte Narre Obe: Sechs Vorstellungen vor Aschermittwoch.
Freitag und Samstag um 20.30 Uhr, am Sonntagnachmittag um 14.30 Uhr im Foyer Saint-Michel. Reservation: Théâtre alsacien de Riespach, Tel. +33 389 07 91 99.

Bal masqué: Fünf Samstagabende nach Aschermittwoch

Cavalcade der Association carnavalesque de Riespach am 2. Sonntag nach Aschermittwoch um 14.30 Uhr.

www.jds.fr/riespach/theatre-alsacien-de-riespach

MULHOUSE

Herre- und Dame-Owe und Cavalcade

Was ist noch echt mülhauserisch? Im Rebberg gibt es keine Reben mehr und der **Schweissdissi**, der bronzene und splitternackte Riese, der den Schweiss aus dem Gesicht wischt, musste längst vom Rathausplatz in eine Grünanlage fliehen, weil sein entblösstes Hinterteil die Stadtväter schockierte. Doch der elsässische Humor ist nicht verloren gegangen. Er treibt alle Jahre Blüten im Saal über dem Café des **Elsasser Theater Milhüsa** (ETM) und dies seit über hundert Jahren. Am **Herre-Owe**, an dem nur männliche ETM-Mitglieder und Gäste zugelassen sind, nimmt man kein Blatt vor den Mund, und das geht manchmal – wie üblich im lebenslustigen Elsass – auch unter die Gürtellinie. Hier fallen eben alle Schranken, und die Mülhauser sind während sechzehn Abenden à vier Stunden ein einig Volk von lachenden Brüdern. ‚Fladribarsch mir sin am A…' lautete die Satire am allerersten Herre-Owe. ‚Nichts für das zarte Geschlecht', war lange Zeit die Meinung, bis Huguette Durr 2002 der Sache erstmals einen **Dame-Owe** entgegensetzte. ‚**Jetzt isch Schluss, denn mit Gnuss fasse mir dr Entschluss: d Männerwält muess verschwindibus!**' hiess es da, und was dann an Chansons, begleitet von Akkordeonistinnen und an Sketches geboten wurde, liess das Herz jeder **Fräui** höher schlagen, und zwischendurch fetzte das leicht bekleidete Revue-Ballett ‚**mit sina Maidla üss' m New-Club**' temperamentvoll über die Bühne. Fazit damals: ‚**s git gnueg, wo sich lehn underdrugge – vo hit ab wärde mir uffmugge!**'. Seither gehört der **Dame-Owe** selbstverständlich in die Mülhauser Karnevalszeit.

Natürlich gibt es in Mülhausen auch eine alte Karnevals-Tradition mit Umzügen – seit 1860 berichteten die Lokalzeiten darüber. Doch nach dem Zweiten Weltkrieg brach die Tradition ein. Sie wurde 1954 wiederbelebt durch über hundert Vereine, die damals eine sieben Kilometer lange, satirische **Cavalcade** mit dekorierten Wagen auf die Beine stellten. Seither findet der multikulturelle Umzug Jahr für Jahr statt mit Gruppen auch aus dem Ausland, und natürlich fehlen auch nicht Folklore-Gruppen in Elsässer Tracht. Für den Aufbau der grossen Wagen besitzt der Carnaval de Mulhouse an der Rue du Château Zu-Rhein geräumige Werkstätten. Organisiert wird das Ganze von einem elf Mitglieder zählenden **Comité** und es gilt: ‚**Fols et fous faites la fête avec nous!**'. Und nicht vergessen: kein **Carnaval de Mulhouse** ohne königliche Hoheiten. **Le Groupement des Sociétés Mulhousiennes Réunies** wählt jetzt im voraus das **Couple Royal** mit seinen **Dauphins**, das sich an der **Cavalcade** zeigt.

Bereits am Freitag vor dem Schmutzigen Donnerstag wird die alte Tradition der Frauenfasnacht, der **Bibala Frytig**, in der Cité du Train weitergeführt. Eine Woche später, am Freitag vor Aschermittwoch erfolgt die Schlüsselübergabe vom Bürgermeister und im Festzelt auf der Place de la Réunion wird der **Bal du Couple Royal** abgehalten. Am Samstagnachmittag folgt die **Cavalcade des enfants** und nachts der Ball im

Festzelt auf der Place de la Réunion. Den Höhepunkt des Mülhauser Karnevals jedoch bildet am Sonntagnachmittag die **Grande Cavalcade internationale**, an der auch viele auswärtige Gruppen teilnehmen. Und schliesslich wird alles mit einem **Charivari final** im Festzelt mit grossem Guggenkonzert beendet.

Bibala Frytig: Soirée nur für Damen in der Cité du Train am Freitag vor dem Schmutzigen Donnerstag um 19 Uhr.

Cavalcade mit Schlüsselübergabe am Freitag vor Aschermittwoch, Place de la Réunion 19.11 Uhr, anschliessend **Ball im Festzelt**.

Kinder-Umzug am Samstag vor Aschermittwoch 14.21 Uhr.

Mini-Parade am Samstag vor Aschermittwoch ab Place Victoire 19.45 Uhr, anschliessend **Bal du Carnaval** im Chapiteau Place de la Réunion um 20 Uhr.

Grande Cavalcade internationale Sonntag vor Aschermittwoch ab Rue de la Sinne 14.31 Uhr, **Charivari final,** Place de la Sinne um 17 Uhr.

www.carnaval-mulhouse.com

KEMBS

Grand Carnaval mit Fasnachtsschule

Was früher hier eine bescheidene Dorffasnacht war, hat sich längst zu einem viel beachteten Karneval entwickelt. Das ursprüngliche Fasnachtsfeuer ist zwar aus Sicherheitsgründen aufgegeben worden, aber seit über dreissig Jahren ist es das **Comité de Carnaval**, das in seinem Sinn das grosse Ereignis pflegt und fördert. An der **Cavalcade** erscheinen dessen männliche Mitglieder symbolisch für die Nacht in violett und schwarz, während die Damen in gelb mit Blumenhut den Frühling symbolisieren. Selbst eine **Ecole du Carnaval** gibt es hier für die Kinder und Jugendlichen von sieben bis sechzehn Jahren, die unter Anleitung jeden Mittwochnachmittag gemeinsam Larven bemalen und fantasievolle Wagen für den Cortège bauen können. Selbst in die Carnaval-Ateliers von Mulhouse, Colmar und Strassburg hat man die Jungen und Mädchen schon zu Stages eingeladen. So sind es auch die Kinder, denen der Maire drei Tage vor der **Cavalcade** den Schlüssel der Gemeinde bis zum Aschermittwoch überreicht: dem **Couple princier** – dem kleinen Prinzenpaar – zusammen mit seiner **Entourage** und **Hugo le fou du roi**, dem Hofnarren.

Gegen dreissig Gruppen mit Guggenmusiken und Wagen zeigen sich am **Carnaval** mit ihren satirischen Darstellungen zu lokalen und internationalen Themen. Die abendliche **Cavalcade** windet sich auf illuminiertem Weg wie eine Lichterschlange durchs Dorf, vom Dorfplatz, der Place Gouvier in Kembs-Loechlé bis zur Salle polyvalente de Kembs, wo anschliessend bis zum frühen Morgen die **Soirée carnavalesque** mit Musik und Tanz gefeiert wird. Dominierend am Umzug sind die Wagen und Gruppen der **Waggis** im typischen Kostüm der Elsässer Bauern, wie sie auch in Basel und der badischen Nachbarschaft vielfach zu sehen sind. Die meisten Gruppen stammen aus der Region in Ergänzung zu den **Night Waggis** von Kembs. Und wenn die elsässische Sprache in den letzten Jahrzehnten im Alltag auch stark in den Hintergrund getreten ist, am **Carnaval** kann man unter Umständen den **Spack Wagges** von Pfastatt, den **Flaschaputzer Waggis** von Bartenheim-la-Chaussée oder gar einmal den **Milhüser Wagges** mit ihrem **Trio royal** begegnen. Nicht zuletzt auch aus der badischen Nachbarschaft sind befreundete Narrengruppen dabei, und als Schlusspunkt zeigt sich der Wagen mit dem eigenen **Petit Couple princier.**

Kembs mit seinen rund 5'000 Einwohnern liegt am Canal de Huningue und am Rheinseitenkanal mit dem 1932 in Betrieb genommenen Wasserkraftwerk Kembs. Am Zusammenfluss der Kanäle liegt die Schleuse Kembs-Niffer, deren Aussengebäude vom bekannten Architekten Le Corbusier gestaltet wurden. Im August wird hier alle Jahre ein besonderes Fest gefeiert: auf dem Kembser Kanal gibt es ein Wettfahren der OFNI, der **Objets flottants non identifiés** mit originellen, selbst gebastelten Booten, und natürlich sind auch die Kinder der Ecole du Carnaval mit einem eigenen, spektakulären Gefährt dabei, mit dem sie immer wieder einmal den 1. Preis abholen.

Teilnehmer Cavalcade 2015: ‚Wagges en Folie'

D'Attaschwiller Dry Ratzer, Attenschwiller (Gugga)
Arthur et les Minimoys (Char)
Les Bàschler Waggis, Habsheim (Groupe)
Les Battemer Narra, Battenheim (Char)
Les Spack Wagges, Pfastatt (Char)
L'Avicole de Kembs (Char)
D'Sumpfgumper 1988 (Gugga)
D'Altkirch Wagges, Altkirch (Groupe)
Les Flaschaputzer Waggis, Bartenheim-la-Chaussée (Char)
Carnaval de Mulhouse et son trio royal, Mulhouse (Char)
D'Orchideen Wiber, Istein (Groupe)
D'Ischteiner Chlotze Horni, Istein (Groupe)
Narrenzunft Istein (Groupe)
Pompiers de Eschenswiller (Char)
D'Sungauer Famelia (Char)
Le Lit régénérateur des Vins Leiber (Groupe)
Les Riffeler Haxa, Reichshoffen (Groupe)
D'Haxa Gugga, Rouffach (Gugga)
D'Mülhüser Wagges et son trio royal (Char)
Les Sund-Kro, Durmenach (Char)
Les Welda Wagges, Oberbrück (Char)
Sundgau Event (Char)
Les Night Waggis, Kembs (Char)
Les Tierstein Hüpfer, Riedisheim (Groupe)
Les Schlappa Pâter, Bûhl (Gugga)
Le petit couple princier de Kembs (Char)

Cavalcade am Samstagabend, zehn Tage vor Aschermittwoch um 17.15 Uhr, von der Place du village Kembs-Loechlé bis zur Salle polyvalente. Anschliessend **Soirée carnavalesque** in der Salle polyvalente um 19 Uhr.

www.carnavaldekembs.com

VILLAGE-NEUF

Cavalcade, Fasnachtsfeuer und Fackelzug

Im Elsass ist alles ein wenig anders, vor allem, was Fasnacht – oder besser Carnaval – betrifft. Da gibt es entsprechende Anlässe ab Januar wie auch andernorts, aber noch bis gegen Ostern sieht man in den Dörfern Plakate mit der Einladung zum **Lumpabal** oder **Bal des veuves**, einer beliebten Tradition im Sundgau.

In Village-Neuf wird die Fasnacht mit einem grossen **Feu de carnaval** mit **Retraite aux flambeaux** nicht etwa beendet, sondern eröffnet, und das üblicherweise am Freitagabend nach der Basler Fasnacht, zehn Tage nach Aschermittwoch. Gegen 19 Uhr finden sich unzählige Kinder, Jugendliche und Erwachsene beim Centre Culturel (Maison Communale) an der Rue du Maréchal Foch ein, wo die Fackeln ausgegeben werden. Es sind die Angestellten der Gemeinde, die den Anlass organisieren. Über hundert Lichterträger sind es schliesslich, die, angeführt vom Feuerwehrauto, in einer langen, eindrücklichen Feuerschlange feierlich durchs Dorf über die Rue du Général de Gaulle zur Place des Fêtes ziehen. Unter den Teilnehmern fallen einzelne rote Uniformen auf; es sind junge Leute vom Deutschen Roten Kreuz – Sanitäterinnen und Sanitäter aus Lörrach, die hier Dienst tun. Im Gegenzug leisten jeweils die Sanitäter aus Village-Neuf Dienst an der Lörracher Fasnacht. Die Nachbarschaft über die Landesgrenze hinweg funktioniert hier ganz selbstverständlich.

Auf der Place des Fêtes, dem Festplatz, wartet ein Scheiterhaufen von immensem Umfang darauf, entzündet zu werden. Mit Begeisterung werfen Kinder und Grosse ihre Fackeln in den dürren Holzhaufen, der sogleich zu lodern beginnt. Eine wohlige Wärme macht sich langsam breit, während im riesigen Festzelt bereits diverse Räuchlein über den Köpfen wehen mit Düften von Merguez, Cervelats und Prommes frites. Stimmung gibt es mit alten Schlagern von der Musikkapelle, und so richtig fasnächtlich wird es dann, wenn **d'Blachgixer vo Blotze** im Waggiskittel zu ihren Blasinstrumenten greifen.

Am darauf folgenden Sonntag geht um 14 Uhr die grosse **Cavalcade** los, ein **Cortège** mit einem **Couple princier**, Clowns, Magiern, Schalmeien, Cliquen und Guggenmusiken, der vom RiveRhin am Boulevard d'Alsace am Stadion vorbei durchs Dorf und wieder zurück führt. In der Halle du RiveRhin mit Musik und Animation, kann man sich schliesslich in der Buvette und im Restaurant aufwärmen und verpflegen.

Feu de Carnaval mit Fackelzug, üblicherweise am Freitag zwei Wochen nach Aschermittwoch um 19 Uhr.

Cavalcade de Carnaval – Cortège, üblicherweise am Sonntagnachmittag, zweieinhalb Wochen nach Aschermittwoch um 14 Uhr.

www.mairie-village-neuf.fr

NEUWILLER

Reedli schwinge hoch über dem Dorf

Der schöne Aussichtspunkt, von dem man in Neuwiller nach der Fasnacht die Sonnenrädchen in die Nacht hinausschickt, liegt am Rebhang, angrenzend an die Rue des Landes, auf der Anhöhe, die man dem Friedhof entlang aufsteigend erreicht. Wie auch an anderen Orten im Elsass hat man den alten Brauch ‚de lancer des diques enflammés pour chasser l'hiver' in den 80er-Jahren des 20. Jahrhunderts hier neu belebt. Vorbilder waren die Schweizer Nachbardörfer Oberwil und Biel-Benken (S.46). Die **Sunnereedli**, die runden, gelochten Buchenscheibchen, die man an einem Stab im Feuer aufglühen lässt, um sie dann über kleine Holzrampen in die Nacht hinauszuschleudern, werden denn auch von Biel-Benken geliefert. Während die Fasnachtsfeuer üblicherweise am Funkensonntag, dem Sonntag nach Aschermittwoch, entzündet werden, richtet sich der Termin in Neuwiller nach den aktuellen Veranstaltern. Das waren in früheren Jahren die Sapeurs-Pompiers, die Feuerwehrleute, während heute die Organisation in den Händen der Dorfjugend liegt, die mit grossem Elan dabei ist. So muss man sich bei der Mairie nach dem genauen Datum erkundigen, das jeweils auf ein Wochenende nach der Fasnacht festgelegt wird. Und natürlich bleibt man hier bei dem kleinen Volksfest nicht ‚auf dem Trockenen' sitzen. Es gibt gleich zwei Feuer: eines fürs ‚Reedli schwinge' und ein zweites für die Grillade der Cervelats. Und natürlich fehlt es auch nicht an Vin chaud, Crémant, Gebäck und weiteren Köstlichkeiten – man ist schliesslich in Frankreich.

Fröhlich trifft Alt und Jung hier zusammen, spontan kommt man mit dem Maire und weiteren Dorfgrössen ins Gespräch. Viele Grosseltern sind mit ihren Enkeln da, es wird wild durcheinander elsässisch und französisch parliert, und natürlich freuen sich vor allem die Kleinen, einmal ungestraft mit Feuer umgehen zu dürfen. Wie Sternschnuppen fliegen die glühenden Rädchen ins Dunkel hinaus, die den ersehnten Frühling heraufbeschwören sollen.

Lancer de disques enflammés bei der Rue des Landes an einem Wochenend-Abend nach der Fasnacht.

Infos bei der Mairie, Tel. +33 389 68 50 11

mairie.neuwiller@wanadoo.fr
www.portedusundgau.fr/neuwiller.htm

ATTENSCHWILLER

‚Masqués', ‚Bossus' und ‚Butzimummel'

Ob Fasnacht oder Mittefasten – in Attenschwiller pflegt man seine Bräuche, und das mit vollem Einsatz. Wer einmal sackstarkes, ländliches Fasnachtstreiben erleben will, sollte am Fasnachtssonntag vor Aschermittwoch, am besten schon am frühen Nachmittag, ins Dorfzentrum kommen und sich überraschen lassen. Die Attenschwiller scheuen keine Mühen, mit satirisch aufgemotzten und öfter mit Lautsprechern versehenen, individuellen Wagen durchs Dorf zu kurven. **The village people** dröhnten da mal mit deftiger Rockmusik durch die Strassen, Abgeordnete vom **Männerchor Liederkrantz** machten sich auf einer als Radiostudio umgebauten Limousine lautstark über ‚la passion du chant' des Kirchenchors lustig, und selbst ein höllisch qualmender Atommeiler von Fessenheim war unterwegs. Immer wieder tauchen auch originelle Einzelmasken auf allerlei Gefährt auf. An der Place du 20 novembre kann man beim **Velohislé** bei einem Vin chaud amüsante Spektakel geniessen, darunter Sketches zu aktuellen Themen oder ganze Inszenierungen wie beispielsweise ein ‚Tribunal mobil' mit Häftlingen, die vom täuschend echten Polizeiauto vorgeführt wurden. Berühmt-berüchtigt in Attenschwiller sind die **Bossus**, die mit Watte gestopften ‚alten Buckligen' mit hässlichen Masken und zerlumpten Gewändern. Sie machen allerlei Theater und suchen vor allem ihre Bekannten im Dorf auf, die sie mit frechen Sprüchen necken und sich dabei möglichst lange nicht zu erkennen geben. Natürlich steht zu diesem Zweck jeweils auf dem Stubentisch Wein, Schnaps, Wurst und Gebäck bereit.

Tags zuvor, am Fasnachtssamstag, ist Zeit der Guggenmusik-Paraden, und abends steigt der traditionelle Maskenball in der Halle de la Liberté, wie später auch am nachfolgenden Dienstag, dem **Mardi Gras**.

Vier Wochen später, an **mi-carême**, dem Mittfastensonntag, begegnet man einer ganz besonderen maskierten Gestalt in Attenschwiller: dem **Butzimummel**. Er verkörpert mit seiner Strohgestalt offensichtlich den abtretenden Winter – ähnlich wie der unheimliche **Iltis** im benachbarten Dorf Buschwiller (S. 122), oder dem **Miesme** in Karsau (S. 104) bei Badisch-Rheinfelden. Sein freundliches Wesen und die bunten Papierblumen an seinem Kleid lassen ihn aber gleichzeitig auch als Frühlingsboten in der Mitte der Fastenzeit erscheinen. Im überlieferten Heischelied, das die ihn begleitenden Kinder singen, ist zwar wie in Buschwiller von einem **Iltis** die Rede, doch der **Eierbueb**, wie ihn die Attenschwiller Dorfbewohner nennen, hat nichts Erschreckendes an sich. In Attenschwiller tun sich die Schüler zusammen, die in diesem Jahr vor der Firmung stehen und wählen einen Jungen aus ihrem Kreis als **Butzimummel.** In einer langen Prozedur wird er von oben bis unten mit einer aufwändig geflochtenen Strohborte umwickelt und erhält zum Abschluss einen blumengeschmückten Korb über den Kopf gestülpt. Er trägt einen ebenfalls aus Stroh gewirkten Schwanz, aber der ist nicht so lang und schwer wie beim Buschwiller **Iltis**, sondern klein und keck geringelt. Einen langen, ebenfalls mit Papierblumen bestecken Stab haben ihm die Kameraden gefertigt.

Mit einer Sammelbüchse versehen, zieht er mit ihnen singend und heischend von Haus zu Haus. Das Lied hat hier einen anderen Wortlaut als in Buschwiller und macht sich über die Figur des Schneiders lustig, der früher gerne auch anderswo mit der Gestalt des Teufels gleichgesetzt und gehänselt wurde. Im letzten Vers heisst es aber drohend: ‚**Und wenn dir uns kaini Aier wänd gä, so muess euch der Iltis d'Hiehner näh!**'

Bis zum Zweiten Weltkrieg waren Mittfastenumzüge mit dem **Hirzgiger**, wie man den Strohmann auch nannte, in der ganzen Region noch verschiedenenorts üblich. In der Schweiz sind sie weitgehend verschwunden, wenn man vom zur Fasnachtszeit wiederbelebten **Hutzgüri** von Sissach absieht (S. 40), während man im Markgräfler Land zum Beispiel in Karsau bei Rheinfelden (S. 104) dem **Miesme** begegnen kann.

Défilé der Guggenmusiken, Samstagnachmittag vor Aschermittwoch.

Bal du Carnaval des Conscrits, Halle de la Liberté am Samstagabend vor Aschermittwoch.

Maskenspektakel
Place du 20 novembre am Fasnachtssonntag vor Aschermittwoch ab 14 Uhr.

Bal du Mardi Gras, Halle de la Liberté am Dienstagabend vor Aschermittwoch.

Umgang des Butzimummel am Mittfastensonntag, drei Wochen vor Ostern, ab 14 Uhr.

www.attenschwiller.com

Butzimummel mit Sammelbüchse

BUSCHWILLER

Der unheimliche Iltis im Strohgewand

Am Sonntag Laetare, drei Wochen vor Ostern, gehen im Sundgau und im badischen Markgräfler Land (S. 104 / S. 118) urtümliche Strohgestalten um. Während die Basler Fasnächtler den letzten **Bummelsunntig** geniessen und die Städte und Dörfer im Dreiland mit ihrer Fasnachtsmusik mehr oder wenig beglücken, werden an einzelnen Orten unheimliche Strohmänner auf ihren Umgang vorbereitet.

In Buschwiller, dem idyllisch auf einer Anhöhe gelegenen Dorf, unweit von Hegenheim bei Basel, geschieht das jeweils in einer Scheune am oberen Dorfende. Man beachte den bereitgestellten Traktor mit einem von Tannengrün verhüllten Anhänger. Sonst weist nichts auf spektakuläre Ereignisse hin: die Hühner gackern wie immer in den Vorgärten und Katzen räkeln sich an der wärmenden Vorfrühlingssonne, sofern sie scheint.

Kaum hat es vom Kirchturm zwei Uhr geschlagen, trottet eine fast vier Meter hohe Strohgestalt ins Freie, einen langen Schwanz hinter sich herziehend. Es ist der **Iltis**, der von den Conscrits, den neu ausgehobenen Rekruten, an schweren Ketten durchs Dorf geführt wird. Sein Gesicht ist geschwärzt oder mit einer Larve bedeckt, denn er soll unerkannt bleiben. Die jungen Begleiter haben sich zur Feier des Tages einheitliche Blusen zugelegt und tragen bunt bebänderte Hüte. Zwei von ihnen bringen einen grossen Korb und eine Sammelbüchse mit, die anderen sind mit schweren, knorrigen Stöcken bewaffnet und treiben den Strohmann vorerst auf den Traktor, weil die Aussenquartiere zu weitläufig geworden sind, als dass der steife **Iltis** sie mit seinem mühsam staksenden Gang noch zu Fuss abwandern könnte. Doch dann wird er auf die Strasse gestellt. Mühevoll bewegt er sich vorwärts, von einem Bein aufs andere fallend, und die **Conscrits** singen ihr altüberliefertes Heischelied, mit dem sie die Gabe von Eiern oder Geld fordern mit der Drohung, dass sonst der Iltis die Hühner hole.

‚**Hitt in drey Wuche ässe mer Eier und Fleisch**' heisst es im letzten Vers des Buschwiller Heischelieds. Diese Bemerkung gibt einen Hinweis darauf, dass sich dieser Brauch durch Jahrhunderte gehalten hat, und dass das Lied aus der Zeit vor 1618 stammen muss. In diesem Jahr hat nämlich der Basler Bischof, dem damals auch der Sundgau unterstellt war, das Fastengebot für Milchprodukte und Eier aufgehoben. Auch die Melodie des Liedes, die an die Monotonie gregorianischer Choräle erinnert, weist auf alte Herkunft hin.

Der Termin des Frühjahrsbeginns und die altertümliche Vermummung mit Stroh lassen vermuten, dass hier Brauchelemente überliefert sind, die aus noch älterer Zeit stammen. Die Kirche hat sie wohl oder übel integriert und musste der kurzen Lockerung in der Mitte der Fastenzeit zustimmen. ‚Freue dich', lauten auch die Eingangsworte zur Lesung im katholischen Gottesdienst nach den Versen Jesajas am vierten Fastensonntag; nach ihnen wird auch der Sonntag Laetare genannt.

Doch die unbeschwerte Art, wie sich der Brauch heute zeigt, stammt vielleicht von einer düsteren, unheimlichen Form ab, die aus Schlesien bekannt ist. Dort gibt es Berichte vom ‚Todaustragen' zur Mittfastenzeit, bei dem ebenfalls eine Strohfigur durchs Dorf geführt wurde, die dann am Ende des Ortes gesteinigt, begraben oder durch Wasser oder Feuer vernichtet wurde, wie das in Karsau (S. 104) noch der Fall ist. Die Begegnung mit der Gestalt war gefürchtet, und nach dem Ertränken war grosse Eile geboten, denn den Letzten holte nach altem Glauben der Tod.

Umgang des Iltis
am Mittfastensonntag-Nachmittag
(mi-carème), drei Wochen vor Ostern.

Infos bei der Mairie, Tel. +33 389 67 12 60

www.buschwiller.fr

Überholte Bräuche?

Man mag sich fragen, was Menschen des 21. Jahrhunderts dazu bewegt, solch archaisch anmutende Rituale, wie sie hier dargestellt sind, Jahr für Jahr zu wiederholen. Zwar ist der früher weit verbreitete Mittfastenbrauch selten geworden und vielenorts in die Kinderwelt ‚abgesunken', wie man das in der Volkskunde benennt. Der abwertende Begriff stammt von Erwachsenen. Vielleicht käme man mit dem Sprichwort ‚Kinder und Narren sagen die Wahrheit' der Sache näher. Es ist ja heute vielfach zu beobachten, dass Traditionen im Jahreslauf wieder neu belebt werden wie beispielsweise beim Baselbieter Hutzgüri (S. 40). Das Bedürfnis, den Wandel der Natur in den Jahreszeiten bewusster wahrzunehmen, spielt dabei unter anderem eine Rolle. Durch die Erkenntnis, dass auch mit Wissenschaft und Technik nicht alles machbar ist, empfindet sich der Mensch wieder vermehrt als Teil der Natur und nicht bloss als deren Beherrscher.

Auch wenn solchen Bräuchen heute keine magische Kraft mehr zugesprochen wird, so entsprechen sie offenbar einem emotionalen Bedürfnis. Dabei sind sie keine festgefahrenen Traditionen; sie wandeln sich wie alles, was lebendig ist, sterben ab, wenn sie ihren Sinn verlieren und flackern vielleicht später wieder auf. So mag das Ritual seinen ursprünglich kultischen Zweck längst verloren haben – seine soziale Rolle bleibt erhalten und wird unter Umständen mit neuen Inhalten gefüllt. In den letzten Jahren haben Volksfeste und -bräuche grossen Aufschwung bekommen, und Kreative lassen sich von ihnen inspirieren zu ganz neuen Aktionen und Performances. Man sucht wieder nach den Wurzeln und pflegt gleichzeitig seine Kontakte im globalisierten Raum. Feste und Bräuche liefern Anregungen dazu.

Buschwiller: Conscrits mit Iltis

Literatur (Auswahl)

BARDOUT, M.: La paille et le feu. Traditions vivantes d'Alsace. Berger-Levrault, Paris 1980.

BAUSINGER, H. (Hg.): Alte Bräuche, frohe Feste. Mair, Ostfildern 1984.

BLÜMKE, MARTIN: Gestalten der schwäbisch-alemannischen Fasnacht. Südkurier, Konstanz 1989.

BODENSATZ (Pseudonym Alfons Wiesinger): Vom Narrenbaum in Säckingen, Bad Säckingen 1976

BRANT, SEBASTIAN: Das Narrenschiff, hg. v. Manfred Lemmer, 4. Aufl. Niemeyer, Tübigen 2004.

BÜRK, B.: S goht degege. Fasnet in Villingen. Müller, Villingen 1981.

CHRIST, D. und ZEPF, P.: Basler Fasnachts-Laternen. (Spezi-Clique/Reinhardt, Basel 1980).

CONZETTI, G.: Unsers Johr im Elsass. Müller, Zürich/Stuttgart/Wien 1987.

EWALD, J. und OTT, LUKAS: Liestal – eine neue Heimatkunde. Verlag des Kantons Basel-Landschaft, Liestal 2004.

FASNACHTS-COMITÉ (Hg.): Basler Fasnacht – vorwärts, marsch! 100 Jahre Fasnachts-Comité. Christoph Merian Verlag, Basel 2009.

FASNACHTSGESELLSCHAFT SISSACH: Fasnecht Sissech. Jubiläum 40 Johr FGS. (FGS, Sissach 1986).

HABICHT, PETER: Pfyffe, ruesse, schränze. Eine Einführung in die Basler Fasnacht. Bergli Books, Basel 2004.

HONEGGER, E.; KNÖPFEL, F.; SALATHÉ, R.; STOHLER, W. und SUTTER, F. (Arbeitsgrupppe): Heimatkunde Pratteln. Verlag des Kantons Basel-Landschaft, Liestal 2003.

HOOG, H.: Die Lörracher Fasnacht. Jahrbuch der Stadt Lörrach, Bd. 16. Lörrach 1985.

KÜNZIG, J.: Die alemannisch-schwäbische Fasnet. 2. Aufl. Rombach, Freiburg i.Br. 1980.

LAUBLE, A.; ROSSKOPF, J.: Friss'n wäg, dr Schnägg. Fasnacht in Lörrach. Hg. Narrengilde Lörrach e.V. und Stadtarchiv Lörrach. In: Lörracher Hefte Nr. 16. Stadt Lörrach/Verlag Waldemar Lutz, Lörrach 2013.

LESER, G.: Les traditions de Carnaval en Alsace. Diss., Strasbourg 1980.

MEIER, EUGEN A.: Die Basler Fasnacht. Fasnachts-Comité, Basel 1985.

MERKLE, ULI: So sin mir. Die Zeller Fasnacht. Zell i. W. 2006.

MEZGER, WERNER: Fasnet in Rottweil. Geschichte und Gegenwart eines Brauchs, Stuttgart 1996.

MEZGER, WERNER; SCHRECKLEIN, SONJA und HAFEN, THOMAS: Führer durch die schwäbisch-alemannische Fasnet. Konrad Theiss Verlag, Stuttgart 1998.

MEZGER, WERNER: Das grosse Buch der schwäbisch-alemannischen Fasnet. Konrad Theiss Verlag, Stuttgart 1999.

MEZGER, WERNER: Das grosse Buch der Rottweiler Fastnacht. Dold Verlag, Vöhrenbach 2004.

MEZGER, WERNER: Schwäbisch-alemannische Fastnacht – Kulturerbe und lebendige Tradition. Konrad Theiss Verlag, WBG Darmstadt 2015.

NARRENZUNFT BAD SÄCKINGEN: 555 Jahre Säckinger Fasnacht. Bad Säckingen 1983.

NARRENZUNFT KRAKEELIA, Hg. HERR, CHRISTOPH: Närrische Zeitreise. 150 Jahre Narrenzunft Krakeelia Waldkirch e. V. Waldkirch 2013.

NARRO-ALT-FISCHERZUNFT BEIDER LAUFENBURG: Fasnacht Laufenburg. Bd. 4 der Schriftenreihe der Vereinigung schwäbisch-alemannischer Narrenzünfte. Laufenburg 1985.

SCHUMACHER, R.: D'Villinger Fasnet. Stolz, Königsfeld 1980.

SIEGRIST, G. und BUSER-KARLEN, H (Hg.): Heimatkunde Sissach, 2. Aufl. Kant. Schul- und Büromaterialverwaltung, Liestal 1998.

SCHWEDT, HERBERT und ELKE: Malerei auf Narrenkleidern. Die Häs- und Hanselmaler in Südwestdeutschland. Forschungen und Berichte zur Volkskunde in Baden-Württemberg, Bd. 2. Stuttgart 1984.

SCHWEIZER-VÖLKER, EDITH: Butzimummel – Narro – Chluri. Bräuche in der Regio. Buchverlag Basler Zeitung, 1990.

SCHWEIZER-VÖLKER, EDITH: Schweizer Volksfeste. Mondo-Verlag, Vevey 1995.

SCHWEIZER-VÖLKER, EDITH: Volksfeste im Dreiland. Buchverlag Basler Zeitung 1997.

STRÜBIN, EDUARD: Jahresbrauch im Zeitenlauf. Kulturbilder aus der Landschaft Basel. Verlag des Kantons Basel - Landschaft, Liestal 1991.

STUDER, WINFRIED: Lebendige Fasnachtstradition in Neuenburg am Rhein. Hg. v. Narrenzunft D'Rhiischnooge Neuenburg am Rhein 2002.

VERBAND OBERRHEINISCHER NARRENZÜNFTE (Hg.): Vorsicht närrisch. Fastnacht am Oberrhein – eine Herzenssache. Wagner Verlag, Altenriet 2011.

Fasnacht im Museum

VEREINIGUNG SCHWÄBISCH-ALEMANNISCHER NARRENZÜNFTE (Hg.): Geschichte der organisierten Fasnacht. 75 Jahre Schwäbisch-Alemannische Narrenzünfte. Dold Verlag, Vöhrenbach 1999.

THALMANN, R. (Hg.): Das Jahr der Schweiz in Fest und Brauch. Artemis, Zürich/München 1981.

WIESINGER, A.: Narrenschmaus und Fastenspeise im schwäbisch-alemannischen Brauch. Verlag Südkurier, Konstanz 1980.

WUNDERLIN, DOMINIK (Hg.): Fasnacht – Fasnet – Carnaval im Dreiland. Schwabe Verlag, Basel 2005.

ZIEGLER, W.: Fasnet in Elzach. Schillinger, Freiburg i. Br. 1982.

Bad Dürrheim:
Fastnachtsmuseum Narrenschopf, Zentrum der schwäbisch-alemannischen Fasnacht.
Im Kurpark, Postfach 1416,
D-78068 Bad Dürrheim.
Tel. +49 (0) 7726 6492 oder
+49 (0) 7726 977601
Fax +49 (0) 7726 977 602
www.narrenschopf.de

Basel:
Museum der Kulturen,
Abteilung Basler Fasnacht.
Offen Do-Sa 13-17 Uhr, So 11-17 Uhr.
Münsterplatz 20, Postfach 4001 Basel.
Tel. +41 (0) 61 266 56 00
Fax +41 (0) 61 266 56 06
www.mkb.ch

Binningen bei Basel:
Ortsmuseum: Basler Künstlerlarven aus dem Atelier Adolf Tschudin.
Holeerain 20, CH-4102 Binningen.
Gemeindeverwaltung
Tel. +41 (0) 61 425 51 51
Fax +41 (0) 61 425 52 08.
www.ortsmuseum-binningen.ch

Bonndorf:
Schloss-Narrenstuben: Sammlung Theo Hany mit 400 Miniatur-Narrenpuppen und Maskenschau im Schlossgewölbe.
Brunnenstrasse 2, D-79848 Bonndorf
Schloss Tel. +49 (0) 7703 2 33
Günther Hany Tel. +49 (0) 7703 2 69
www.bonndorf.de

Bräunlingen:
Fasnetmuseum der Narrenzunft Eintracht
mit Kostümkammer der Schauspielfasnet.
Blaumeerstrasse 12, D-78199 Bräunlingen.
Tel. +49 771 89 77 349.
www.narrenzunft-braeunlingen.de

Donaueschingen:
Zunftstube der Narrenzunft
Sennhofstrasse, D-78166 Donaueschingen
Tel. +49 (0) 771 875 221
www.narrenzunft-frohsinn.de

Eigeltingen bei Singen:
Fasnachtsmuseum Schloss Langenstein,
Fasnachtsbrauchtum im Hegau und
westlichen Bodenseeraum.
Tel. +49 (0) 7774 9201 26, Fax
+49 (0) 7771 92 01 27.
www.fasnachtsmuseum.de

Freiburg i. Br.:
**Fasnet-Museum im Zunfthaus
der Narren**. Fasnachtsbräuche von
Freiburg und aus dem Breisgau.
Turmstrasse 14, D-79098 Freiburg i. Br.
Tel. +49 (0) 761 50 81 43
www.breisgauer-narrenzunft.de

Gengenbach:
Narrenmuseum im Niggelturm,
D-77723 Gengenbach
Tel. +49 78 03 930 143
www.narrenmuseum-niggelturm.de
www.narrenzunft-gengenbach.de
www.vsan.de

Haslach im Kinzigtal
Schwarzwälder Trachtenmuseum
im Alten Kapuzinerkloster
Klosterstrasse 1, D-77716 Haslach im Kinzigtal
Tel. +49 (0) 7832 706 172
Fax +49 (0) 7832 706 179
www.haslach.de

Kenzingen:
Oberrheinische Narrenschau. Über
300 Fasnachtsfiguren von der Ortenau
bis ins Dreiländereck und vom Rhein
bis in den Hochschwarzwald.
Alte Schulstrasse 20, D-7832 Kenzingen.
Tel. +49 (0) 7644 900 113 und 166,
Fax +49 (0) 7644 900 160.
www.kenzingen.de
www.badische-seiten.de/kenzingen/

Konstanzer Fasnachtsmuseum
Im Rheintorturm
D-78467 Konstanz
Tel. +49 (0) 7531 52602
www.rheintorturm.de

Lörrach:
Dreiländermuseum am Burghof,
Basler Strasse 143, D-79540 Lörrach.
Geschichte und Gegenwart der
Dreiländer-Region D-F-CH.
Tel. +49 7621 415 150.
www.dreilaendermuseum.eu

Narrenvereinigungen im Schwarzwald

Rheinfelden/Baden:
Narrenmuseum im alten Wasserturm.
Masken und Häser der Rheinfelder Narrenzunft.
Turmstrasse 3, D-79618 Rheinfelden-Baden
Tel. +49 (0) 7623 36 11 oder
+49 (0) 7623 37 77.
Stadtverwaltung
Tel. +49 (0) 7623 950
Fax +49 (0) 7623 95 410
www.rheinfelden-baden.de
www.narrenzunft-rheinfelden.de

Rottweil:
Fasnetszimmer im Stadtmuseum
Hauptstr. 20, D-78628 Rottweil
Tel. +49 (0) 741 494 330
www.rottweil.de

Zell i. W.:
Zeller Fasnachtshus (In Vorbereitung)
Schätze der Zeller Fasnacht
Helmut Mond, Tel. +49 76 25 1663
p.z.@rahmen-werkstatt.de
Förderverein Peter Zluhan,
Tel. +49 (0) 7625 92 40 80
oder +49 (0) 7625 16 84

Vereinigung Schwäbisch-
alemannischer Narrenzünfte (VSAN),
Bad Dürrheim: www.vsan.de

Verband Oberrheinischer Narrenzünfte
(VON), Freiburg i.Br.: www.von-online.de

Freie Narrenvereinigung Mittlerer
Schwarzwald, Schramberg:
www.fnv-mittlerer-schwarzwald.de

Vereinigung Hochrheinischer
Narrenzünfte, Murg/Baden: www.v-h-n.net

Veranstaltungskalender

Zu den Fasnachtsterminen ‚Herrenfasnacht' und ‚Buurefasnacht'

‚**Kunnsch wie die alti Fasnacht hindedry**' lautet eine gängige Basler Redewendung, denn nach altem Brauch müsste die Fasnacht eigentlich vor der Fastenzeit stattfinden und am Aschermittwoch zu Ende sein. Doch Basel ist mit seinem **Buurefasnachtstermin** nicht allein. So gibt es am **Funggesunntig** (Sonntag nach Aschermittwoch) an mehreren (reformierten) Orten im Baselbiet wie beispielsweise in Liestal und Sissach noch grosse Fasnachtsumzüge, aber auch in Mulhouse und in Weil am Rhein. Und in dieser Nacht steigt man überall in unserer Region auf die Anhöhen, lässt die Fasnachtsfeuer lodern und schickt die zauberhaften, glühenden Scheibchen oder **Reedli** in den Nachthimmel hinein.

Wie kam es aber zum Doppeltermin – der **Herrenfasnacht** vor dem Aschermittwoch und der **Buurefasnacht** eine Woche später? Grundsätzlich richtet sich das Fasnachtsdatum nach dem Osterfest. Nach einem längeren Osterfeststreit über die Berechnung des Gedächtnistages der Auferstehung Jesu ist dieses am Konzil von Nicäa im Jahr 325 auf den ersten Sonntag nach dem Frühlingsvollmond festgelegt worden. Entsprechend dem biblischen Bericht über das Fasten Jesu in der Wüste, das 40 Tage und Nächte währte, hat man für die Fastenzeit vor Ostern die gleiche Zeitdauer gewählt. Zählt man nun von Ostern aus 40 Tage und Nächte zurück, ergibt sich als Beginn der Fastenzeit der Dienstag nach dem 6. Sonntag vor Ostern (Sonntag Invocavit oder Funkensonntag). Der Basler Morgenstreich am Montag danach (**Hirzmontag**) entspricht diesem alten Fasnachtstermin, an dem übrigens auch in Pratteln **dr Butz usfahrt**. Nun hat aber das Konzil von Benevent im Jahr 1091 die Sonntage vom Fastengebot ausgenommen, so dass der Beginn der Fastenzeit um sechs Tage vorrückte und die Fasnacht entsprechend verschob. Die Herren von der Obrigkeit richteten sich nach dieser Neuigkeit, die Bauern blieben vielfach ihrem alten Termin treu, so dass es seither eine **Herren**- und eine **Alte**- oder **Buurefasnacht** gibt.

11. November (Martinstag)

LÖRRACH: Schnäggeässe im Lasser-Saal (für Vereinsmitglieder der Narrenzunft) 11.11 Uhr

1. Faisser (Donnerstag) drei Wochen vor Aschermittwoch

BAD SÄCKINGEN: Wälderumzug und Narrenbaumstellen um 14 Uhr

LAUFENBURG-CH: Tschättermusik um 5 Uhr, um 19.30 Uhr mit Laufenburg-D

LAUFENBURG-D: Tschättermusik um 6 Uhr, um 19.30 Uhr mit Laufenburg-CH, Kindertschättermusik um 16 Uhr

MÖHLIN-RYBURG: Fasnachtseröffnung und Schlüsselübergabe Gemeindehausplatz 19 Uhr, Bürkligeist am Narrenbrunnen 20 Uhr

2. Faisser (Donnerstag) zwei
Wochen vor Aschermittwoch

BAD SÄCKINGEN: Narrenspiegel
im Kursaal 20 Uhr

LAUFENBURG-CH: Tschättermusik 5 Uhr

LAUFENBURG-D: Tschättermusik 6 Uhr

LAUFENBURG-CH + D: Kindertschättermusik
um 16 Uhr und Tschättermusik 19.30 Uhr

Freitag vor dem Schmutzigen Donnerstag

MULHOUSE: Bibalafrytig, Soirée nur für
Damen in der Cité du Train 19 Uhr

Samstag, 12 Tage vor Aschermittwoch

KEMBS: Cavalcade 17 Uhr, Nuit des
fous, salle polyvalente 18.15 Uhr

WEIL AM RHEIN: Narrenbaumsetzen
am Lindenplatz 15 Uhr

**Schmutziger Donnerstag
(3. Faisser)**

BAD SÄCKINGEN: Wiiberklatsch und
närrisches Treiben ab 10.30 Uhr, Tanz
im Kursaal nur für Wiiber, 13 Uhr

FREIBURG i.Br: Sturm aufs Rathaus ab
16 Uhr, Narrenbaumstellen um 17 Uhr.

LAUFENBURG-CH: Tschättermusik 5 Uhr

LAUFENBURG-D: Tschättermusik 6 Uhr

LAUFENBURG-CH + D gemeinsam:
Kindertschättermusik 16 Uhr, Grosse
Tschättermusik 19.30 Uhr

LÖRRACH: Hemliglunggi-Umzug 18.30 Uhr

MÖHLIN-RYBURG: Kinderumzug
ab Gemeindehausplatz 14 Uhr

NEUENBURG AM RHEIN:
Hemdglunkerumzug 19.11 Uhr

RHEINFELDEN-D: Proklamation der
Fasnacht am Oberrheinplatz 19 Uhr
und Umzug nach Rheinfelden-CH

RHEINFELDEN-CH: Fasnachts-
Eröffnung Obertorplatz 20.11 Uhr

WALDKIRCH: Fasneteröffnung und
Hemdglunkerumzug 19.11 Uhr

WALDSHUT: Wecken 5 Uhr,
Geltentrommler-Kinderumzug 14.30 Uhr

ZELL IM WIESENTAL:
Hemdglunkiumzug 19.30 Uhr

Freitag vor Aschermittwoch

LAUFENBURG-CH + D:
Open-Air-Guggenfestival ab 19 Uhr

MULHOUSE: Cavalcade mit
Schlüsselübergabe, Place de la Réunion
19.11 Uhr, anschliessend Ball im Festzelt

Samstag vor Aschermittwoch

ATTENSCHWILLER: Défilé der Guggenmusiken
am Nachmittag, abends: Bal masqué
der Conscrits, Halle de la Liberté

LAUFENBURG-CH+D:
Hexennacht mit Umzug 19 Uhr

LÖRRACH: Gugge-Explosion
ab 11 Uhr bis nachts in der Innenstadt

MULHOUSE: Kinder-Umzug 14.21 Uhr.
Mini-Parade ab Place Victoire 19.45 Uhr,
anschliessend Bal du Carnaval im
Festzelt, Place de la Réunion 20 Uhr

RHEINFELDEN-D: Guggenkonzert 18.30 Uhr

WALDKIRCH: Hexensabbat 19.11 Uhr

Sonntag vor Aschermittwoch
(Fasnachtssonntag)

ATTENSCHWILLER: Fasnachtsspektakel
im Dorf ab 14 Uhr.

BAD SÄCKINGEN: Gottesdienst für
Narren im Münster 10 Uhr

ELZACH: Ausrufen der Fasnet 12 Uhr, Schuttig-
Umzug 15 Uhr, Fackelzug der Schuttige 19 Uhr

FREIBURG i.Br.: Narrenmesse zu St. Martin,
11 Uhr. Narrentreiben ab 14 Uhr

LAUFENBURG-CH+D: Grenzüberschreitender
Fasnachts-Umzug 14 Uhr

LÖRRACH: Grosser Fasnachts-Umzug 14 Uhr

MÖHLIN-RYBURG: Fasnachts-Umzug 14 Uhr

MULHOUSE: Grande Cavalcade internationale
ab rue de la Sinne 14.31 Uhr,
Charivari final, Place de la Réunion 17 Uhr

NEUENBURG AM RHEIN:
Fasnachts-Umzug 14.11 Uhr

RHEINFELDEN-CH + D: Grenzüberschreitender
Umzug 14.11 Uhr von CH nach D

RHEINFELDEN-CH: Uusbrüelete ab Obertorplatz
18.11 Uhr und Verbrennung der Frau Fasnacht

SCHRAMBERG:
Hanselsprung mit Brezelsegen 14.30 Uhr

WALDKIRCH: Umzug Krakeelia 14.11 Uhr.
Bajasstaufe auf dem Marktplatz 15.11 Uhr

ZELL AM HARMERSBACH: Erweckung
des Narro aus dem Narrengrab 14 Uhr,
anschliessend Fasnachts-Umzug

ZELL IM WIESENTAL: Grosser Fasnachtsumzug
um 13.30 Uhr (Treffpunkt Atzenbach)

Montag vor Aschermittwoch (Rosenmontag)

BAD SÄCKINGEN: Grosser Fasnachtsmäntigumzug 14.30 Uhr

FREIBURG i.Br.: Fasnachtsmendig-Umzug 14 Uhr

LAUFENBURG-CH: Kinderumzug 14 Uhr

ROTTWEIL: Narrensprung 8 Uhr früh

SCHRAMBERG: Bach-na-Fahrt 13 Uhr, traditioneller närrischer Umzug 14.30 Uhr

VILLINGEN: Historischer Umzug der Narrozunft 9 Uhr, Historischer Maschgerelauf 14.15 Uhr

VILLINGEN: Grosser Umzug 13.30 Uhr

WALDSHUT: Närrischer Flohmarkt ab 11 Uhr

ZELL IM WIESENTAL: Grosser Fasnachtsumzug 14 Uhr (Treffpunkt Wilder Mann)

Dienstag vor Aschermittwoch

ATTENSCHWILLER: Bal du Mardi Gras, Halle de la Liberté, 20 Uhr

BAD SÄCKINGEN: Hüülerzug und Böögverbrennung auf dem Rathausplatz 20 Uhr

ELZACH: Schuttig-Umzug 15 Uhr

LAUFENBURG-CH + D: Traditionelles Narro-Laufen mit Kinderbescherung 14.30 Uhr

LAUFENBURG-CH + D: Abschlusstschättermusik 19.30 Uhr

LAUFENBURG-D: Fasnachtsverbrennung 21 Uhr

LÖRRACH: Finale: Kinderumzug 13.30 Uhr, Gugge-Monster, Alter Markt, 18.30 Uhr. Narrenbaumfällen 19 Uhr

MÖHLIN-RYBURG: Fasnachts-Umzug 14 Uhr

NEUENBURG AM RHEIN: Fasnachtsverbrennung, Rathausplatz 22.11 Uhr

RHEINFELDEN-D: Fasnachtsverbrennung am Oberrheinplatz 20 Uhr.

ROTTWEIL: Narrensprung 8 Uhr und 14 Uhr

SCHRAMBERG: Hanselsprung mit Brezelsegen 16 Uhr

VILLINGEN: Grosser Umzug der Zuggesellschaft 13.30 Uhr. Schlüsselrückgabe und Strohverbrennen der Wuescht beim Rathaus 24 Uhr

WALDSHUT: Fasnachtsverbrennung 19 Uhr

ZELL AM HARMERSBACH: Fasnachts-Umzug 14 Uhr, Narro-Beerdigung 24 Uhr

ZELL IM WIESENTAL: Altwiiberrenne 19 Uhr

Aschermittwoch

LAUFENBURG-CH: Böögverbrennung am Wasentor 19.30 Uhr

MÖHLIN-RYBURG: Trauerumzug 20 Uhr ab Bahndamm. Verbrennung des letzten Narren beim Narrenbrunnen 20 Uhr

WALDSHUT: Fasnachtsverbrennung 19 Uhr

Donnerstag *nach Aschermittwoch*

SISSACH: Hutzgüri-Umgang ab 19 Uhr

WEIL AM RHEIN: Hemdglunggi-Umzug 19 Uhr

Samstag *nach Aschermittwoch*

BUCHENBACH: Funkenfeuer mit Feuerrad 19 Uhr

PRATTELN: ‚Dr Butz fahrt uss' ab 8 Uhr früh, 11 Uhr Tanz auf dem Schmittiplatz

WEIL AM RHEIN: Guggenmonsterkonzert, Rathausplatz 14 Uhr

Sonntag (Funkensonntag)
nach Aschermittwoch

BIEL-BENKEN: Fasnachtsfeuer mit Reedlischigge 19 Uhr

LIESTAL: Fasnachts-Umzug 13.45 Uhr. Chienbäse-Umzug 19 Uhr

PRATTELN: Fasnachts-Umzug 14 Uhr, Fasnachtsfüür beim Mayenfels 18.30 Uhr, Fackelumzug im Dorf 19.30 Uhr, anschliessend Schneemann-Verbrennen Schulhaus Grossmatt

SISSACH: Fasnachts-Umzug 14 Uhr, Laternen-, Fackel- und Chienbäse-Umzug 19.30 Uhr

WEIL AM RHEIN: Buurefasnachts-Umzug 13.30 Uhr von Altweil bis zum Rathausplatz.

Montag *nach Aschermittwoch*

BASEL: Morgenstreich um 4 Uhr früh, Cortège ab 13.30 Uhr

Abends Schnitzelbänke in den bezeichneten Lokalen

SISSACH: Morgenstreich um 4 Uhr früh

Dienstag *nach Aschermittwoch*

BASEL: Laternenausstellung Münsterplatz, Wagenausstellung Kasernenhof. Freie (Kinder-) Umzüge und abends Guggenkonzerte Barfüsser-, Markt- und Claraplatz 20 Uhr

SISSACH: Kindernachmittag in der Mehrzweckhalle Bützenen 13.30 Uhr, anschliessend Umzug und Konfettischlacht 15.30 Uhr, abends Guggenkonzert 19.15 bis 24 Uhr

Mittwoch 1 Woche nach Aschermittwoch

BASEL: Cortège ab 13.30 Uhr, abends Schnitzelbänke in den bezeichneten Lokalen

Donnerstag 8 Tage nach Aschermittwoch

BIEL-BENKEN: Straumaa-Verbrennen mit Lärmumzug 19 Uhr

SISSACH: Chluri-Verbrennung 19.30 Uhr

Samstag 10 Tage nach Aschermittwoch

WEIL AM RHEIN: Fasnachtsfeuer Tüllinger Hügel, Abmarsch Gasthof Schwanen 18.30 Uhr

Sonntag 11 Tage nach Aschermittwoch

RIESPACH: Cavalcade, Cortège 14.30 Uhr

Freitag 2 ½ Wochen nach Aschermittwoch

VILLAGE-NEUF: Feu de Carnaval mit Fackelzug 19 Uhr

Samstag 2 ½ Wochen nach Aschermittwoch

VILLAGE-NEUF: Cavalcade de Carnaval, Cortège 14 Uhr

Mittfasten-Sonntag
3 Wochen vor Ostern

ATTENSCHWILLER: Umgang des Butzimummel ab 14 Uhr

BUSCHWILLER: Umgang des Iltis ab 14 Uhr

KARSAU bei BADISCH-RHEINFELDEN: Miesme-Umgang am späteren Vormittag, in BEUGGEN und RIEDMATT am Nachmittag

Termine können ändern, Kontrolle im Internet oder Anruf in den betreffenden Gemeinden ist empfehlenswert.

Die Autorin dankt für Hinweise

Madlena Amsler, Pratteln
Isabelle Aresta-Schaller, Freiburg i. Br.
Edouard Bach, Kembs
Joachim Butz, Bad Säckingen
Renate Erni, Möhlin
Bernd Fackler, Elzach
Walter Glens, Schramberg
Klaus-Peter Klein, Weil am Rhein
Uli Merkle, Zell i. W.
Claude Moser, Mulhouse
Félicien Muffler, Strassburg
Hansjörg Noe, Lörrach
Jean-Luc Nussbaumer, Kembs
Dr. Jörg Rosskopf, Lörrach
Felix Rudolf von Rohr, Basel
Mireille Sengelin, Riespach
André Schoepfer, Riespach
Martin Schwitter, Basel
Winfried Studer, Neuenburg am Rhein
Alfi Suter †, Möhlin
Gerhard Vogel †, Rheinfelden-Baden
Brunhilde Wegering, Freiburg i. Br.

Mit Unterstützung von:

Swisslos-Fonds Basel-Stadt

Jubiläumsstiftung
Basellandschaftliche Kantonalbank, Liestal

ILV-JA jungautoren fonds

EE. Zunft zu Rebleuten, Basel
EE. Zunft zu Weinleuten, Basel

Patronat:

REGIO BASILIENSIS

Fredy Prack, Illustrator

geb. 1940 in Basel, aufgewachsen in Riehen.

1956-1961 Graphikerlehre in einem Atelier in Basel und an der Allg. Gewerbeschule Basel.

1961/62 in Biel/Bienne und 1962/63 in Mailand tätig.

Ab 1964 selbstständig – von 1971-1992 gemeinsam mit René Beuret Atelier für Werbegraphik.

Laternenmaler und Kostüm-Entwerfer für die Basler Fasnacht.

Edith Schweizer-Völker, Autorin

Basler Fasnächtlerin, Volkskundlerin, Kulturjournalistin und Autorin mehrerer Bücher zum Brauchtum in der Schweiz und der Dreiländerregion am Oberrhein.

Bestseller: MYTHISCHE ORTE AM OBERRHEIN, Bd. 1 und 2 (Christoph Merian Verlag Basel) mit Interreg-Tourismusprojekten und Gratis-App MYTHISCHE ORTE.

1995 Bumperniggelpreis des Schweiz. Bankvereins; 2008 Medaille der REGIO BASILIENSIS für besondere Verdienste an der Regio-Idee.

Dozentin an der Volkshochschule beider Basel.

Mitglied von IMPRESSUM (Journalistinnen und Journalisten der Schweiz), von AdS (Autorinnen und Autoren der Schweiz) und von PRO LITTERIS.

Gründungsmitglied des Vereins BASLER FASNACHTS-WELT.